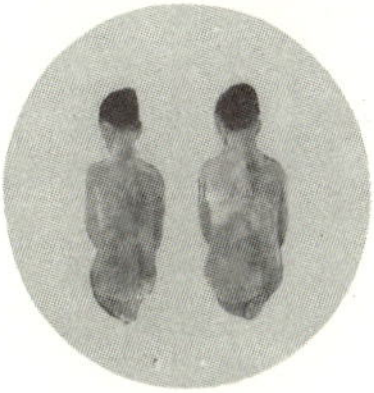

韓国人のしくみ

〈理〉と〈気〉で読み解く文化と社会

小倉紀藏

講談社現代新書

目次

第四章　社会における〈理気〉……127

はじめに

【初めての出会い】

二〇〇〇年六月十三日、平壌《ピョンヤン》。

その日、順安《スナン》空港は緊張に包まれていました。空港だけではありません。おおげさにいえば、この会談を見つめる全世界が緊張していたといってよいでしょう。はたして平壌は韓国の金大中《キム・デジュン》大統領を、いかなる表情で迎えるのか。そこには大いなる危惧《きぐ》すら、渦巻いていました。

しかしその緊張や危惧は、金正日《キム・ジョンイル》総書記の大人《たいじん》風の姿が空港に現れ、飛行機から降りる金大中大統領をタラップの下で迎え、ふたりがかたく握手するに及んで、半信半疑ながらもこみあげる喜びに変わったのでした。両首脳が一台のリムジンに同乗し、熱狂的な歓迎の人波に溢れる平壌市街を通過するときにはもう、喜びは確信に変わったようでした。

その後首脳会談の期間中、会談や宴会のたびにその場に谺《こだま》したのは、金正日総書記の呵々《かか》大笑であり、太い声のジョークなのでした。その顔は決して「赤化統一してやろう」という野望でつっぱらかってはいないように見えました。これらの姿が放映されるたびに、韓国での彼の人気は高まったのです。

「離散家族」に関連した金正日総書記の「ジョーク」は、かなり危険なものでしたが、「失言」にならなかっただけではなく、金大中夫妻を始めその場の高官たちは皆大笑いをしたのであり、韓国マスコミも大喜びしたのです。

それはいったい、なぜだったのでしょうか。

その後も韓国マスコミの彼に対する反応は、「熱烈」とすらいいうるほどのものが続きました。なぜ彼はあれほど一瞬にして韓国人の心を把《とら》えるのに成功したのでしょうか。もしかするとその理由に、朝鮮半島という地域を考える「鍵」がひそんでいるのではないのか。

この「鍵」は、いったいどこにあるのか。それは、〈理〉と〈気〉というふたつの概念にあります。

〈理〉と〈気〉という「鍵」さえあれば、それらの理由が全部理解できる。私は、そう考えているのです。

【韓国のおもしろさ】

おそらく、韓国は日本人にとって、世界で最もおもしろい国のひとつです。

この「おもしろさ」は特殊であって、それはひとことでいえば、もはやいい古されていることではありますが、日本と「似て非なる」というところにあるわけです（これは一九八〇年代に現・産経新聞の黒田勝弘氏が広めた言葉です）。

実に韓国は日本に似ており、韓国人は日本人に似ている。

しかしながら他方で、日本と韓国とは、単に似ているだけでなく、厳然と異なってもいるわけです。

この「似て非なる」を、ただ単にどこが似ていてどこが違うかという事例を列挙しただけでは、理解したとはいいがたい。ぜひともその「似て非なる」の「しくみ」を理解する必要があるのです。

韓国とはいったいどんな国なのだろう、という疑問に対して、その「しくみ」と「変化」という観点から、私は一九九八年に『韓国は一個の哲学である』（講談社現代新書）を発表しました。

これはひとことでいえば、〈理気〉という枠組みで韓国のすべてを説明しよう、という冒険でした。そして、この〈理気〉という枠組みに関してもまた、日本と韓国は「似て非なる」という形容がぴったりなのです。〈理〉も〈気〉ももともとは中国哲学の術語であり、朝鮮も日本もこの概念を導入した点は同じです。さらに、人間や社会のあり方が、この〈理〉や〈気〉という枠組みで把えやすい、という点は日本も韓国も同じなのですが、しかしながやはり、その構造がふたつの社会ではけっこう異なるのです。そこが、このふたつの社会を比較する上で最もおもしろい点なのかもしれません。

【え、韓国が哲学だって？　冗談じゃない！】

さて、前著『韓国は一個の哲学である』を見た私の韓国人の友人は、そのタイトルを読むや、「何だ？　韓国が哲学だって？　冗談じゃない、このめちゃくちゃな国のいったいどこが哲学なんだ、え？」と口から泡を飛ばして抗議したものです。

さすが韓国人らしく、「道徳志向的」に抗議してくれたわけです。

たしかに韓国のテレビニュースや新聞を見ていると、これでもか、これでもか、というほど非理・賄賂《わいろ》・詐欺・裏切り・破廉恥《はれんち》・権謀術数《けんぼうじゅっすう》のオンパレードなのであります。哲学であるどころかモラル自体がどこかへ行ってしまったかのような印象を受けてしまうのはたしかです。

しかし私が「韓国は哲学だ」というのは、何も韓国人がすべてアテナイの哲人たちのように思索にふけり善をなしつつ生きている、などということを主張しようというのではまったくありません。そうではなく、事実は、韓国人というのは、その表面上の行いや言葉はときに荒々しく、非理・賄賂・詐欺・裏切り・破廉恥・権謀術数に通じてしまうこともあるけれども、そういうものすべてをひっくるめて、そこにはある独特な説明体系が存在する、そしてそれは単なる没歴史的な説明なのではなくて古くからの伝統に根ざしたひとつの形而上《けいじじょう》学的な体系として把握することができる、それゆえ「哲学」なのだ、ということなのです。つまり韓国のめちゃくちゃさでさえもそれ自体が哲学として説明可能だということです。

そして私はこの『韓国は一個の哲学である』によって、韓国というものをその基本的な枠組みにおいてはすべて説明しつくした、つまりウィトゲンシュタインをもじっていえば、「韓国のしくみの基本は、最終的に解明された」といってよいと考えています。不足なのは、たとえば〈気〉の世界のより詳しい説明であるとか、〈理〉と〈気〉のもっとくわしいしくみ・関係であるとか、要するに「詳細部分」についての叙述であり、「枠組み自体」の基本部分についてはすべて解決されたと思っているのです。もちろん韓国を把える方法論はいろいろあります。ですから私の〈理気〉的アプローチはその中のひとつということであって、これのみが正しいというつもりは毛頭ありません。

この本を発表したあと、多くの人から、「韓国人のこういう点はあの〈理気〉論ではどう解けばいいのですか?」という質問を受けました。私はそれらにひとつひとつ答えながら、〈理気〉で韓国社会を解き明かすということの有効性を確信するようになったのです。実に、

〈理気〉という概念によって、韓国の「ほとんどすべてのこと」は不思議なほどに説明がついてしまうのでした。

そして重要なのは、先ほどお話ししましたように、この〈理気〉という枠組みは、日本社会にも適用できるということであります。もちろん韓国社会と日本社会はその成り立ちがかなり異なるのであり、それゆえに〈理気〉の成り立ち、しくみ自体が相当に異なる。これは事実でありますけれど、それでも、〈理気〉という枠組み自体は、日本社会を分析する上でも有効であります。

【前著との関係】

ところで、もともと前著は、〈理気〉の枠組みのみを粗《あら》く述べた「骨組み」にすぎず、その枠組みを多様に説明づける事例や資料は極力はぶいてありました。「骨組み」は見やすいけれど具体的な「肉づけ」がなかったのです。あたかも骨格標本を見ているようなもので、その全体的な「つくり」のおおざっぱな姿は把握できたとしても、具体的な肉や血や内臓のありかたはよくわからないという憾《うら》みがありました。

今回本書を書いたのは、その「肉づけ」をして〈理気〉の韓国人論を完結させるためなのです。つまり前著で説明した「骨組み」を使って、韓国社会の出来事を解読してみようというものです。文化現象、政治、犯罪事件など、韓国のさまざまな表徴を、〈理気〉という枠組みで読み解いてゆくのです。

これによって皆さんには、韓国の〈理気学〉をより具体的に、臨場感をもって理解していただくことができると考えています。

ですから、本書を読まれる際に最も有効なのは、前著『韓国は一個の哲学である』を手元に置いていただくことです。そしてそれを参照しながら本書を読んでいただければ、理解は速く深いと確信します。そのために本書の叙述では、前著の参照すべき箇所をいちいち指摘してあります。たとえば韓国のある社会現象をとりあげる際に、その〈理気〉的しくみを説明した前著の命題を、【2・3・5】などという具合に明示してありますので、前著のその箇所を読んでいただければ、理解がぐんと深まるしくみになっているのです。

とはいえ、そのような読み方はなかなかめんどうでもありますので、本書はそのように前著をいちいち参照せずとも、充分に理解できるようにはもちろんきちんとなっています。この点、あまり心配なさらないでください。

また前著を読まれないで本書を読まれる方も多かろうと思いますので、ここで〈理気〉というもののしくみのあらましを、ごくごく簡単にかつ図式的に説明しようと思います（前著を読まれた方は、この部分は飛ばしていただければ、と思います）。この点もご心配は無用であります。本書のみ読まれても十分に理解できるのはもちろんです。と同時に、前著と併《あわ》せて読んでいただければ十二分に理解されることも確かでしょう。

【〈理気〉のしくみ】

〈理気学〉を集大成したのは朱子であるが、本書の〈理気学〉は朱子の説をかなり単純化・世俗化したものであるので、これはむしろ小倉紀藏流〈理気学〉といった方がよいであろう。

①〈理〉は道徳性である。物理・生理・倫理・論理・原理・真理・心理・理屈・理論・理想・理念などといったものの総称である。

②〈気〉は物質性、身体性である。肉体・欲望・本能・感情・感覚・感性・情などは総じてこの〈気〉の分野に含まれる。

③あらゆるものは〈理〉と〈気〉でできている。〈理〉だけや〈気〉だけでできているものはない。

④人間ももちろん、〈理〉と〈気〉でできている。

⑤〈理〉は全的に善である。

⑥すべての人間には〈理〉が百％与えられている。ということはすべての人間は百％善である。

⑦それなのに悪人がいるのはなぜか。それは〈気〉のせいである。すべての人間には〈気〉ももちろん百％与えられている。この〈気〉が濁っている者が悪人なのである。

⑧〈気〉が濁っていると、もともと百％与えられている〈理〉が曇ってしまう。それゆえ、悪となってしまうのである。これはあたかも、自動車のフロントガラスはもともとピカピカなのに、汚れがついてしまうとそのピカピカさが曇ってしまい、前方がよく見えなくなってしまうのと同じである。

⑨〈理気学〉においては、すべての人間には等しく〈理〉が与えられている、ということによって「平等」思想を唱えている。しかし完全な平等では社会は成り立たないので、〈気〉の清濁によって社会での「序列化」を裏づけているのである。つまり、平等と序列化のふたつを何の矛盾もなく遂行するのに成功したのである。これは力業である。芸術的な思想といってもよい。

⑩〈気〉が濁っている人でも、自ら克己《こっき》すれば、〈気〉を澄ますことができるのである。つまり汚れていたフロントガラスを磨くことができるのである。〈気〉が澄めば、曇っていた〈理〉がもとの姿を現してフロントガラスはピカピカとなる。

⑪ガラスがよりピカピカな人、つまり〈理〉がより多く現れている人が社会的に上位に位置すると考えられている。一番ピカピカなのは聖人、その次は君子である。〈理気学〉では、どんな人でもガラスを磨けば聖人君子になれると説く。

⑫つまり人間は努力することによって社会的に上昇できる。逆に、努力しなければ下降してしまう。

⑬〈理気〉の社会は変化の劇《はげ》しい社会である。なぜならそれは〈気〉を澄ますことによって位置が上昇し、〈気〉を濁らすことによって位置が下降する社会だからである。一度失敗して下降した人も、またやり直してガラスを磨けば上昇できる。儒教社会は決して停滞しているのではないし、きわめて楽天的でもあるのはこのためである。

⑭韓国に〈理〉は複数ある。それらが互いに闘争しあっている。しかし、その〈理〉の「構造」はひとつなのだ。その意味で、韓国は「一個」の哲学なのである。

⑮〈理〉が強ければ〈気〉も強く、〈気〉が強ければ〈理〉も強くなるという傾向がある。巷《ちまた》で「ガングロ」が流行《はや》ったときのことを思い出していただきたい。おもしろかったのは、このガングロの流行とほぼ時を同じくして、「美白」というものが流行ったことである。まったく正反対の流行が、同時に流行った。これは、〈理気学〉を解き明かす上で非常に重要な現象である。

〈理〉が強ければ〈気〉が強く、〈気〉が強ければ〈理〉が強いというのは、あたかもガングロが流行ればこれに対抗するかのように美白が流行り、ガングロが顔を黒くすればするほど美白は顔をより白くする、また美白が白くすればするほどガングロは意固地になって顔をさらに真っ黒にする、という構図と似ているところもあるのである。

⑯〈理〉には、実はいくつもの階層がある。絶対的な〈理〉もあれば、〈気〉と相対的な〈理〉もある。後者の場合、あるひとつのものが場面の違いによって〈理〉になったり〈気〉になったりする。これらをすべてひとつの〈理〉という言葉で表現するため、多少の複雑さが生じうる。

⑰〈理〉は垂直的な秩序を、〈気〉は水平的な包容を表しているといえるが、それだけではない。水平的な平等の秩序を表す〈理〉もあり、垂直的な差別の情を表す〈気〉もある。

第一章

さまざまな韓国論の〈理気学〉的解釈

今まで日本で出版された韓国人論は、いったいいくつほどあるでしょうか。その多くは、「韓国人とは……な人たちである」という式の一元論的、本質論的な規定が占めています。それは同時に、多分にステレオタイプな韓国人像を提示してもいます。この章では、これまで日本で語られてきた韓国人論を、われわれの〈理気〉学で分析してみるとどうなるのか、ということを考えてみたいと思います。

1――「ケンチャナヨ(いいかげん)」論

【韓国人=ケンチャナヨ】

「韓国人はケンチャナヨである」

これはおそらく、日本人が持つ韓国人像の中で最も広く流布しており、かつ説得力を持つ命題だといってよいでしょう。

「ケンチャナヨ」というのは「大丈夫、問題ない、オーケーだ」という意味ですが、韓国人はすべてをこの「ケンチャナヨ」で済ますので、緻密《ちみつ》性・厳密性に欠けるいいかげんな民族なのだ、という認識です(【3・3・7】)。

韓国に少しでも関わったことのある日本人なら、韓国のあちこちで日本人が集まると決まって、「韓国人はケンチャナヨだからね」という言葉が多少の軽蔑と、ときには羨望を含んで語られているのを聞いたことがあるに違いありません。

この認識は何も日本人だけが持っているわけではなくて、韓国人も自分たちを「ケンチャナヨ精神」の民族だと規定する人は意外と多いのです。ただしこれには二種類があって、ひとつは「ウリ（われわれ）はケンチャナヨだからだめなんだ」という考えであり、逆にもうひとつは「ケンチャナヨこそウリ独特の特性なのだから、これを（良い意味で）もっと活かそう」という考えであります。

前者はよく新聞記事などで韓国人を自己批判し、さらなる近代化へと邁進《まいしん》させようとする論旨のときによく使われます。「几帳面な日本人に見習え」という論調にもたいてい「ウリはケンチャナヨだからダメ」論が利用されます。

また後者の考えを展開して国民の幅広い共感を集める論客に、李御寧《イ・オリヨン》氏がいます。彼の考え（韓国人はルーズだ）も、基本的に「几帳面な日本人」という理念を前提として、その日本人像と韓国人像を対比させるというものです。日本人のきっちりと几帳面な性格は、近代化の時代には威力を発揮した。それに比べて韓国人はルーズなので、ものごとをすべて規格化する近代という時代には合わなかった。しかし、今や脱近代の時代である。これまでの産業化の時代とは異なり、自由でルーズな精神の機微と躍動こそが評価されるのだ……という具合です。

李氏の論は、几帳面な日本人よりもルーズな韓国人の方が上なのだ、というレトリックを展開するという点が秀逸です。この論を読んで韓国人は納得して安心感を得ます。そして同時に重要なのは、彼の説は日本人にも安心感を与えるものだということです。「そうか、彼ら韓国人はルーズだというところに民族的な特質があって、それが意外にすばらしい側面を持っているんだな、でもやはりわれわれ日本人は几帳面なんだ、これは民族性だから直せるものではない、われわれはやはりルーズなものよりも几帳面なものの方が好きだし体質に合っているのだ、結局日本人はこれからも几帳面に生きるしかない」という「納得」を、李氏の論から得るわけです。これは日本人にも一種の優越感を与える論なのであって、それゆえ李氏は日韓両国でひっぱりだこであるわけです。

さてしかし、日本人を納得させるこの手の論が流行している間に日本はどうなったのでしょうか。

バケツで肥料か何かを扱うようにウラン溶液を杜撰《ずさん》に扱っても「ケンチャナヨ」、旧石器時代の遺跡に自分で石を置いて「大発見!」と叫んでも「ケンチャナヨ」、企業が悪いことをしても幹部は「ケンチャナヨ」……実は日本社会こそがさして几帳面ではなかった、あるいは几帳面ではなくなってしまった、という事実が次々に明かされたのでした。すなわち、「日本人は几帳面」という認識が増殖し幅をきかせる間に、その認識に安住し、まどろんだ日本社会は、まさにいつしか「ケンチャナヨ」そのものになりつつあるのでした。

【韓国人はタジダでもある】

「韓国人はケンチャナヨ（いいかげん）精神だ」という俗流韓国人論の命題は、「部分の性急な全体化」つまり「一斑《いっぱん》を見て全豹を卜《ぼく》する」の誤りを犯しているというほかはない。この裏側にはさきほど見たように、「韓国人はケンチャナヨだが日本人は几帳面」という、いわば「本質論的二分論」のまなざしがあったわけです。

韓国人がいつもすべて「ケンチャナヨ」なのであれば、どうして韓国では議論というものがあれほど盛んなのか、説明できませんでしょう。北朝鮮のマスゲームの一糸《いっし》乱れぬ統制や、韓国人の上下秩序の厳しさといったものの「反ケンチャナヨ性」をどう説明するのでしょうか。なぜ「ケンチャナヨ」「いいかげん」といわれる韓国・朝鮮人がこれほどの緻密性と厳格性を発揮するのか、そこのところが説明できないのです。韓国社会のダイナミズムは、他者を糾弾《きゅうだん》し、間違った見解を糾《ただ》し、自己あるいは自己の所属する集団が「正しい」と考えるものの実現を力業をもって図ってゆくところに生じます。そこでは「ケンチヤナヨ」はまったく通じません。金大中大統領はノーベル平和賞をもらったえらい人だから何をやっても「ケンチャナヨ」かと思ったらそうではなく、国内ではその失政をひどく糾弾されています。

これを説明するには、本質論的な、一元論的な枠組みから離れる必要がある、というのが私の基本的な考えです。

そしてこの問題は、次のように考えるべきなのです。韓国人は、〈理の空間〉でないとき、〈理〉に関係する物事でないときにのみ「ケンチャナヨ」を発する。〈理の空間〉、〈理〉の物事に関しては韓国人は「タジダ（問いただす）」の姿勢で一貫する、と（【3・3・8】）。

たとえば金正日総書記は二〇〇〇年夏に北朝鮮を訪問した韓国メディアの社長団との会合で、拉致《らち》疑惑に関連して、「日本は不当な釈明を求めてきているが、それなら明治維新の時から（の問題を）問いたださなければならない」（『朝日新聞』二〇〇〇年八月十四日付夕刊）と発言したのですが、これがまさに「タジダ」であります。なぜ金正日総書記は「日本との過去の問題はケンチャナヨ」とは決していわずに「タジダをしなければいけない」といったかといえば、その問題はきわめて〈理〉の領域に属しているからです。

こんな話を聞いたことがあります。以前日本のテレビ局のある番組で、次のような場面を放送したことがありました。韓国で店にはいった日本人の客が、ウェートレスに水をこばされてしまった。ところがそのウェートレスは「すみません」と謝らずに「ケンチャナヨ」といったというのです。

このような経験は、韓国で生活したことのある人ならおそらく誰でもしたことがあることだと思います。私も、韓国で道を歩いていたら、突然天から大きな窓枠が落ちて来てあやうくこの頭をこなごなにされそうになったことがありました。窓枠がガチャーンと地面に落ちる音を耳に聞きながら私が見上げると、家の二階から中年男が身を乗り出して、「ケンチャナヨ」というのでした。その男が窓枠を落として私の頭に当たりそうになったのに、男は「すみません」というどころか「ケンチャナヨ」とのたまったのです。

ここで重要なのは、先ほどのウェートレスもこの中年男も、決して「ケンチャナヨ（大丈夫ですか）？」と尋ねているのではなく、「ケンチャナヨ（大丈夫ですよ）」と断定してくれている、という点であります。すなわち、「水なんてこぼれたってあなたの命に別状はないのだから大丈夫です」「窓枠はおまえに当たらなかったのだから騒がなくても大丈夫だ」とこの人たちはいっているわけです。つまりわれわれの〈理〉にかかわる重大事ではない、といっているのです。

私は八年間の韓国滞在中、このような場面に何度も出くわしたものです。ところが、先のテレビ番組を見た韓国人たちは「こんなことは韓国では絶対にありえない」と猛抗議してきたのだそうです。
これこそまさに「ケンチャナヨ」ではすまない世界、つまり「タジダ」の出番であるわけです。テレビという「公」のメディアが日本全国に向けてそのような「偏向」放送をした、という点が、韓国人に「タジダ」をさせた理由の最たる部分でしょう。これがテレビでなくて日常の私的な会話であったら、「そんなこともあるかもね」と「ケンチャナヨ」ですんだのかもしれません。

【問いただしましょう】

「タジプシダ（問いただしましょう）」。この不思議な言葉も、韓国人はよく使います。
朝日新聞の田中良和氏はソウル特派員時代、取材の車の運転手に、突然この言葉をいわれて面食らったといいます。ちょうどたいへんに忙しい時期で、運転手もフル回転でてんてこ舞いだったのでしょう。ある日の白昼、運転していた車をいきなり道端に止めて、キッと後ろを振り向くなり「タジプシダ（問いただしましょう）」といったそうです。これは、「自分が今どんなひどい状況にあるか、その原因として何が悪いのかをこの際徹底的に話し合いましょう」という意味なのです。韓国人があなたに「タジプシダ」といってきたら、今その韓国人は自分の意識の中でただならぬ状況に置かれており、その原因が自分以外の他者、具体的には今「タジプシダ」といわれているあなたにあるのだと、つまり悪いのはあなたであると訴えているのだと思ってよろしい。

ことほどさように、韓国を「ルーズな国」と認識するのは誤りなのです。しかし日本人にはどうも他国を「おおらか」「ルーズ」と認識しがちな「刷り込み」があるようです。タイの「マイペンライ」やラテン系の「ケセラセラ」などは有名です。

しかしおもしろいことに、韓国人も「中国人は慢慢的《マンマンデ》でおおらか・いい加減だ」などと他者認識しているのです。

【「歴史」と「民族」……「タジダ」の二大領域】

韓国人が「タジダ」の姿勢で迫ってくる領域の典型的なものは、「歴史」と「民族」であります。まさにこの二大領域こそは、韓国人が決して「ケンチャナヨ」では済ますことのできない重大関心事なのです。

在日歴史学者の李進熙《イ・ジンヒ》氏が安東権氏の花樹会に攻撃された話が、姜在彦《カン・ジェオン》氏の著書（『ソウル』文春文庫）に出ています。文中の花樹会や宗親会というのは、血族集団の結束を担う団体です。

「その花樹会や宗親会だが、一族の遠い祖先であっても、その業績について批判されると花樹会を中心に猛然と反論に立ちあがる。一九八二年のことだが、私は韓国のある新聞に『韓国の中の日本』という題で連載を書いていて、たまたま文禄の役のときの朝鮮軍司令官・権慄《クオン・ユル》将軍率いる幸州山城戦闘にふれたときである。権将軍の子孫にあたる安東権氏の花樹会から新聞社に厳重抗議があったばかりか、一族の前に出て謝罪させせよと要求してきた」

権慄将軍の名誉をけがす叙述を李氏がした、ということで子孫の猛烈な抗議を受けたというのです。

韓国人にとって歴史は、特に一族の歴史は〈理〉の中の〈理〉ですから、これに関することにはたいへん厳格で、「タジダ」の攻撃をしてくるのは当然です。

一族の歴史とともに、韓国人が「タジダ」を必ずしてくる領域は、民族の歴史に関してです。たとえばそれは、黒田勝弘氏の本『韓国人の歴史観』(文春新書)に対する次のような新聞投書によく表れています。

「彼の文は、韓国人の歴史観は無知であるという基本認識の下に、狷狂《けんきょう》の想像力を混ぜて書いた蠢声《しゅんせい》であって、読む価値すらない。本人の意思ではなく強制的にひっぱられていった慰安婦たちを『協力するために自分の足で歩いて行った』だとか、『光復軍に加担した韓国人よりもはるかに多くの韓国人が日本軍に加担し、日本の将兵として連合軍と戦った』とか、韓国人が日本人になってしまうほど『協力が進んだ』とか、甚しきにいたっては『過去の歴史を謝る必要はない』というなどの妄言《もうげん》は、ひとことでいって猖狂蠢声だとみるほかない」（『朝鮮日報』一九九九年五月七日付、権重燦氏）

そしてこの投書子は最後に、「彼の下心が意図的なものであるなら」「犯罪である」とまで激昂して筆を擱《お》いています。

「沸き上がる憤《いきどお》りを抑えるすべがないのでペンを執った」というこの「憤り」は当然、〈理の怒り〉（87ページ参照）であります。黒田氏の文を「妄言」と糾弾し、「蠢声」すなわち虫けらの声である、と怒り狂っています。ここで「声」つまり「ソリ」という言葉を使っていますが、これは〈理〉のない言葉は〈言葉＝マル〉ではなく〈ソリ＝音声〉である、という（【1・2・8】）ことなのです。

さて、ここでひとつ、疑問が湧くかもしれません。民族を傷つけるような言葉が韓国人の〈理の怒り〉を買うのだったら、日本人が書いた『韓国が死んでも日本に追いつけない

18の理由』（文藝春秋）という本が韓国で大いに売れたというのは、なぜなのでしょうか。この本の著者・百瀬格《ただし》氏は、「韓国人に殴り殺される覚悟で」書いたというのですが、反対にこの本は韓国人に大歓迎されたのです。

これはどういうふうに考えればよいかというと、この本は韓国人を批判はしているが、韓国の〈理〉の中核に触れなかったがゆえに、韓国人の「タジダ」の対象からは外れたのです。この本は民族の本質や一族の歴史を批判したのではなく、経済という〈気〉の領域を通して韓国人の現状を批判したものだったがゆえに、韓国人たちは素直に受け入れることができたのです。

これとは反対に『韓国人の歴史観』は韓国の〈理〉の中核に触れたため、劇《はげ》しい反感を買ったわけなのです。

2――〈理〉と〈気〉の対立と融合

【韓国人は感情的なのか、理屈っぽいのか】

「韓国人は感情的だ」、いや「韓国人は理屈っぽい」というのも、古くからの対立であります。

芸人のマルセ太郎氏は在日韓国人です。彼は、日本人と韓国人とでは、飛行機が落ちたときの反応がまるで違う、といいます。

日本人の遺族はどんなに悲しくてもしくしくと静かに泣く。たしかにそうです。顔に微笑みさえ浮かべたりもします。

ところが韓国人の遺族は感情を爆発させておいおいわあわあと大声で泣き叫ぶ。その場に航空会社の職員などが顔を出そうものなら、遺族たちは赤鬼のような顔をしてどなり散らし、職員のネクタイをしめ上げてたいへんな騒ぎとなる。

このような感情の表出の違いを、小さい頃から恥ずかしいと思っていた、とマルセ太郎氏は告白します。「日本人は感情を抑えて上品だ。それに較べて韓国人は感情を抑えない。これは下品なんだ」と思っていたのだというのです。

しかし今はそうは思わない、と氏はつけくわえます。このような感情の劇《はげ》しい表出によって、一世のオモニ（母）たちは、差別を逆手にとって元気にたくましく生きていたのだ、と積極的に評価できるようになったのだ、というのです。

たしかに韓国人の感情の表出は、劇しいものです。職員のネクタイをしめ上げるどころでなく、そのへんの机や椅子をめちゃくちゃにほうり投げる、ドアは蹴り破る、ガラスは壊す、などの行動を起こして、自らの憤懣《ふんまん》を劇しく表出させてみせます。

しかしながら、他方で、「韓国人は理屈っぽい」という認識も、根強くあるわけです。韓国人の理屈っぽさをあげつらった本や評はまさに枚挙にいとまがありません。

これはいったいどういうことでしょうか。はたして韓国人は感情的なのか、理屈っぽいのか。

このような問い自体が馬鹿げたことであるのは確かですが（韓国人にも感情的な人もいれば理屈っぽい人もいる、つまり多様なわけですから）、この問いにわれわれの〈理気学〉はまじめに答えようとします。すなわち、〈理の韓国人〉あるいは〈理の空間〉における韓国人は理屈っぽいのであり、〈気の韓国人〉あるいは〈気の空間〉の韓国人は感情的なのです（【2・2・8】）。

これは社会の階層構造の問題でもあります。

伝統社会にあっては、上層階層こそが〈理〉を顕現できたのであり、民衆は〈気〉のみ〈気〉のままで生きていたわけです。この民衆層は当然感情を露骨に表す層です。韓国は〈気の民衆〉が長い間そのまま存在してきました。

これに対し日本は、明治以降の「国民の意識上での武士化」によって、特に都市部においては庶民までが「感情をみだりに表出させない」という〈理〉を注入されました。この時期は「国民の倫理」という概念のもとに日本の〈理〉が極度に一枚岩化した、歴史上まれに見る時代だったのです。女性ですら「軍国少女」の気概には厳しいものがあったわけです。泣かない。感情を表出しない。そういう美徳が徹底的に教化されたわけです。

その違いが、感情の表出の違いになっているのは明らかです。

しかし韓国もやがて高学歴化や都市化などによって、この〈気〉のみ〈気〉のままの階層はだんだんと少なくなってゆくに違いないのです。

【韓国は「ほどく文化」】

さて、「ケンチャナヨ／タジダ」の二分論と似ているものに、「ほどく／しめる」という二分論があって、日韓文化の比較の際によく言及されます。すなわち「韓国はほどく(弛緩)文化、日本はしめる(緊張)文化」である、というのです。これも李御寧氏などが盛んに唱えています。

しかしこれもよく考えると、二分法の誤謬《ごびゅう》および「一斑を見て全豹をトす」の誤謬を犯していることは明らかです。

たしかに日本の社会と韓国の〈気の空間〉を比較すれば、日本は緊張していて韓国は弛《し》緩《かん》しているように見えます。しかしこれが恣《し》意的な比較であることは、もうすでにおわかりでしょう。韓国の〈理の空間〉は、「ケンチャナヨ」が許されない実に厳格で緊張を強いられる空間なのであって、これと日本の社会を比較するならば、むしろ日本の方が〈理〉が細分化されているだけ重圧は軽いといえるのです。「竹島は日本のものか韓国のものかって？　そんなことアタシ知らなーい。大体、タケシマって何なのお？」という大学生がいたって誰にも文句はいわれません、日本では。韓国ではそういうわけにはいきますまい。

この問題は、日本と韓国の〈理気〉のしくみの違いに起因しています。

すなわち、韓国は大きな〈理〉が支配しているが、この〈理〉の範囲を外れれば、そこには広大なる〈気〉のフィールドが野放しにされている社会です。これに対して日本は、〈理〉が限りなく細分化され、社会のどこに行ってもその場の〈理〉というものが支配しているので、いたって窮屈に感じられる。重圧は軽いが、窮屈である。巨大な一枚岩的な〈理〉は存在しないかわりに、細かな生活レベルの〈理〉がいたるところにあるので、〈理〉から逸脱した解放感をなかなか感じることができない、そのような社会だと思うのです（〈理の細分化〉というのは本来は矛盾なのですが、日本はこれを成し遂げました）。

最近、日本では「ラテン系」が人気です。「日本をラテン系社会に変えよう」という運動を展開する人までいます。

「ラテン系」というのは「ほどく／しめる」でいえば、「ほどく」文化であると認識されているわけでしょう。窮屈な日本を、もっとほどいて、気楽な社会にしよう、という方向性のようです。しかしこれも、もし「ラテン系」社会には〈理〉がなくて〈気〉だけなのだ、という誤った認識の下で主張されるならば、それは危険なことです。すなわち、もちろん「ラテン系」の社会にも〈理〉はあるのであって、というよりもむしろ強大な〈理〉がある、そしてそこから外れた領域ではとてつもなく陽気で気楽な世界が現出しているというしくみのはずです。これを誤って、「ラテン系」は〈気〉だけの世界であるかのように認識し、日本をそういう社会にしようとするのだったら、それは大いなる間違いというものなのであります。

【韓国人は反行動的だ】

韓国人は「反行動的」である、という俗説も根強いものがあります。

たとえば、第一回日韓学生会議を終えた日本人学生たちの座談会に、次のような件《くだり》があります（『現代コリア』一九八七年四月号）。

「（韓国人学生は）分科会で非常にりっぱな論を述べる。日本側が議論で負けちゃうんです。ところが、彼が帰国する時になって荷物のパッキングが自分でできない。理論は理路整然と述べられるのに、荷物はぐちゃぐちゃ。手伝いながら、何か変だね、とみんなで話したものです」

これは、議論・理論という〈理〉には強いが荷物のパッキングという手作業つまり〈気〉には弱い、という韓国人像です。あるいはものに関する分類という細分化された〈理〉に弱い。もちろんここでは一元的な本質論にまでは昇華されていませんが、非常に強烈な韓国人像として右のようなものが根強くあることはたしかです。

また韓国人の「反行動性」を説明するのにいつも引き出される例として、開化期のテニスの逸話があります。西洋人が朝鮮の支配階層である両班《ヤンバン》にテニスというスポーツを披露してみせたところ、両班は「こんなに汗をかいてしんどいことは、どうして召し使いにやらせないのか」といったという話です。

でも、本当に韓国人は「反行動的」なのでしょうか。いやいや、韓国人の行動力の猪突猛進ぶりは、すごいものがあります。「世界は広く、やることは多い」（金宇中《キム・ウジュン》）とばかりに、実にエネルギッシュに行動しているわけです。

われわれの〈理気学〉でいえば、「体を動かす」という意味での「行動性」は、たしかに〈気の世界〉のものです。たとえば鍛えあげられた体で汗を流し、金を稼ぐというのはたしかに〈気の人〉のやることでしょう。

しかし重要なのは、〈理〉のない〈気〉は決して生き生きとは躍動しないのであり（【2・3・3】）、その意味で、たとえば「スポーツ」という領域は人間の行う立派な活動なのだ、民族の優秀性を宣揚するよい場なのだ、という正当性＝〈理〉を与えられたからこそ、韓国人は今あれほどスポーツに邁進しているわけなのです。同じように経済活動も、国家によって〈理〉が付与された後には、堂々と行われるようになったのです（【5・1・6】）。それゆえ韓国ビジネスマンは「世界が舞台」という合言葉で猛然と行動しているわけです。

すなわち、〈理〉のみを重視する人は依然非行動的で理念的でしょうが、そうでない人びと、つまり〈気〉の活動に従事している人や、あるいは〈理〉を与えられた〈気〉の領域で行動的に活躍している人もいる……という具合に多様なのが韓国の人間模様である、というのが正しいのです。

【韓国人は道徳的である、名分を重視する】

「韓国人はやはりものすごく道徳的なんですねえ。日本人なんか足元にも及びませんねえ」

前著を読まれた人の中に、こういう反応をされる方がけっこういました。

しかしこれは典型的な誤解です。私は「韓国人は道徳志向的である」とはいったが「道徳的である」とはいわなかったつもりです。

道徳志向性と道徳性は異なるものであるということを、何度も強調する必要があることを痛感しました。道徳志向性とは、人の言動を道徳に還元して評価する態度のことをいっています。韓国には詐欺や虚偽や非理がないというのではまったくありません。むしろそれらによって韓国社会は病み、苦しんでいる（【5・2・9】）。

それでも、韓国人＝道徳志向的＝道徳的、という誤解が成立するのはなぜでしょうか。

思うにこのような誤解の背景には、「日本人は歴史の清算も行わずに利益ばかり追求し、道徳的に汚点がある」という負い目のようなものがあり、その裏返しとして「それに反して韓国人は道徳を第一の行動基準とし、利益などというものには目もくれない清い存在なのだろう」などという思い込みがある。また「日本は植民地支配をしたり侵略戦争をした悪の存在」、それに対して「支配され侵略された側は道徳的で清い存在」と思い込みたい「良心的」な心情がある。

しかし、ここで根本的に誤っているのは、儒教の枠組みにおいては、「道徳」は「権力」と「富」とセットになっているということを忘れている点であります。つまり儒教社会において「道徳」を語るとき、そこには「利益」というものは排除されていない。

〈理〉と〈気〉の両方が完全に分離しているのではない（【2・3・2】）という意識が必要な

のです。

そして〈理〉は単なる道徳性ではなく、道徳志向性でもあるのだ、という点が重要です。戦後日本では戦前の〈国家理〉への反発として〈気〉が強い脚光を浴び、あたかも〈気〉のみで〈主体〉が立つかのような錯覚すら横行しています。ところが、日本に〈理〉はない、といえばそれは誤りなのです。電車やバスを待つときの秩序。そのような秩序としての細分化された〈理〉は強く存在する。

しかし、問題は〈理〉と〈気〉が完全に分離する傾向にある点にあるのです。たとえば電車でお年寄りや体の不自由な人に席を譲る理由は何でしょうか。「席を譲らなくてはならない」という〈理〉と、「気の毒だ」という情つまり〈気〉が合体しているべきだ、と〈理気学〉では考えます。しかし日本では、このふたつが分離してしまっている傾向がある。

この点については後に少し詳しく考えることにしますが、要するに、韓国人は〈理〉を志向しているからといって常に〈理〉のかたまりとして暮らしているわけではない、ということなのです。

同じ理由で、「韓国人は実利と名分のうち名分を重視する」という認識も、一元論的に語られるならば、誤謬です。あたかも韓国人はすべて、名分を重視するために、実利・利益・

ダンゴを重視しないかのような描かれ方をする場合があります。

しかし実際の韓国人とつきあってみるとよくわかりますが、この人たちの利益追求精神にはむしろすごいものがあります。がむしゃらに、猪突猛進に利益を追求する。いつもダンゴを追いかけ、より大きくておいしいダンゴを食べることを人生最大の目標としているところがある。ですからこの側面のみが強調されると、「韓国人は実利的」というイメージが増幅されます。

いったい韓国人は「名分的（花）」なのか「実利的（ダンゴ）」なのか。一元論ではこの問いを解決できないのです。

やはり、実利（〈気〉）と名分（〈理〉）をあまりにも画然と分離してしまうのは、やや極端すぎる〈理気〉解釈なのです。

名分を重視するのと実利を重視するのとの二重性がある、と考えた方がむしろよいのです。そしてそれが〈理〉と〈気〉の強弱の塩梅《あんばい》によるものだ、と考えた方がよい。中には名分しか考えない青二才的な道学者である「センニム」（【4・1・7】）のような人もいれば、利益や実利のことしか考えない人もいるでしょう。それらの多様な人間模様を、〈理気〉のグラデーションとして把えることが、大切なのです。

たとえば金大中大統領という個性は、一方で非常に理想的だといわれますが、他方ではひどく実利的だといわれます。実際、そうなんです。これも、われわれの〈理気学〉でいえば、一方で民主主義や統一などの原理の面つまり〈理の世界〉では炎のごとく理想的で、それを貫徹するための手段・術数つまり〈気の世界〉ではおそろしいほど実利的なのです。

【韓国人は体面を気にするのか、しないのか】

韓国人といえば、非常に体面を重んじる人たちである、という説は広く流布しています。しかしこの説にも、いくらでも反証を挙げることは可能です。たとえば、韓国人は外国語を、下手でも臆面《おくめん》もなくしゃべる人が多い。

日本人は「恥」の意識があるのでなかなかしゃべれない。しかし韓国人は、あたかも体面なんかどこにもないかのように、文法が間違っていたり発音がめちゃくちゃだったりしても、楽天的に恥をかきながら猪突猛進的に外国語を使ってコミュニケーションする人がけっこう多いのです。

「体面を重んじる」韓国人ならば、こんなことはできないのではあるまいか。そのように感じる日本人は多いでしょう。

しかしこれも、〈理気〉の枠組みで考えてみるとよいと思います。

まず、そもそも体面つまり〈理〉よりも実利を重んじるタイプの〈気の人間〉も韓国にはかなりいる、という点があります。そしてもうひとつは、「体面」というものの考え方から考察する必要がありそうです。つまり、〈本＝本体＝理〉に関するものは体面を保つが、〈末＝技術＝気〉に関するものは、どうでもよい、という考え方が、韓国人には多くあるのです。そう考えると、外国語を話して何か利益を得たり情報を交換したりするのは、〈本＝本体＝理〉に関することではなく、〈末＝技術＝気〉に関することですので、こういう領域に関しては「体面」などという堅苦しいことはいわない、という使い分けがあるのです。

【韓国人は日本人よりもプライドの高い人たちである】

日本人はよく「韓国人はプライドが高いですからねえ」などといいます。たしかに韓国人はプライドが異様なほど高い。しかし、私はいつも思うのですが、それなら日本人はプライドが低いのでしょうか。そんなことは全然ない。

プライドのしくみ及び表出の仕方が、違うだけなのです。

たとえば韓国人は、自分の失敗などに対して言い訳をくだくだとすることを厭《いと》いませんし、相手がいかにあくどいかを満天下にいいつのらなければ気がすまない、というところがあります。また自分がいかに無念か、ということを他者にわかってもらおうと大泣きしたりもよくします。

プライドの高い人たちがはたして、おいおい泣いたり言い訳をくだくだといったりするでしょうか。韓国人の場合は、するのです。翻《ひるがえ》って、日本人の場合は、「何もいわない」というプライドの表出の仕方がかなり強いと思います。

すなわち、韓国の場合、プライドという〈理〉を貫徹するために、相手または公衆の情という〈気〉を動員することはぜひ必要なことだと考えられている。これは、朝鮮王朝時代から、〈理〉の貫徹には「集会」や「鳴り物」などのパフォーマンスが動員されたという歴史的連続性があります。

もちろんプライドの「中身」の問題も関わってきます。

前項でも説明したように、おおざっぱにいえば、韓国人がプライドを強烈に感じるのは〈理の領域〉であって、それ以外の〈気の領域〉に関してはプライドでごちごちに身を鎧《よろ》うということはあまりないのです。

故・小渕前首相とつかこうへい氏がテレビで対談したとき、つか氏は「韓国は気位の高い国」といいました。つまり、「プライドが高い」ということですが、これはわれわれの言葉に直せば「韓国は理位《りぐらい》の高い国」といった方がよいようです。

3——個・共同体・歴史

【韓国人は集団主義的なのか、個人主義的なのか】

ここに一篇の韓国人論があります。著名なコラムニスト、李圭泰《イ・ギュテ》氏によるものです(『韓国人の思考・四つのパターン』、『韓国再発見』朝日文庫)。

氏はまず、韓国人の思考の第一として、「ウリ(われわれ)」意識を挙げます。韓国では家の空間も遮断型でなく共有型で、個人のプライバシーを徹底的に認めず、「部屋に一人でいても、いつも誰かといっしょという気持ちになってしまい、精神的に一人を感じることがない」。また食の習慣でも、西洋のように「自分のもの」を確保して食べるのではなく、みんないっしょの皿や鍋から食べるのであり、「私」は「われわれ」の中に埋没してしまう、といいます。

ところがその一方で、「個体主義」が発達しているのが韓国人だといいます。韓国人は集団的スポーツが苦手で、得意なのはすべて非集団的スポーツである。サッカーなどの集団的スポーツの場合も、あたかも個人技のスポーツのように扱われている。つまり韓国人は集団の行為に対して未熟な意識構造を持っている……というのです。

はたしてこれはどういうことなのでしょうか。一人の人間が、一方で強い共同体主義でありながら、他方で強い個人主義でもあるということなのでしょうか。それとも共同体的な人間と個人的な人間が別々に存在するということでしょうか。

　これを〈理気学〉で考えてみましょう。

〈気〉の側面では情の交流を活発に行い、〈理〉の側面では自と他の境界をきっちり分けて考える。このように考えられるでしょうか。そういう側面もあるでしょう。でも、それだけではないような気もします。なぜなら〈気〉は、情によって境界を融《と》かす〈気〉もありますが、逆に嫌悪や反感の情によって垣根をこしらえる〈気〉もあるからです。同時に〈理〉は、境界をきっちり設定するという〈理〉もありますが、境界をなくして融合させるのが正しいのだ、という〈理〉もあるからです。

　すなわち、このように考えるのがよいのです。みんないっしょに仲良く部屋や食べ物を共有する空間では、「ウリ（われわれ）」という〈理〉が支配しているのであり、また個人を打ち出す空間では「ナ（我）」という〈理〉が支配しているのです。それぞれの〈理〉の枠組みの中で、その〈理〉に適合した〈気〉が存分に発揮される。ですから前者の空間ではあたかも韓国人全体が〈ホモ・共同体〉のように見え、後者の空間では〈ホモ・個人主義〉のように見えるのです。そのようなしくみはひとつでありながら、その枠組みの中でどのような〈理気〉のグラデーションを発揮するかは個人個人の個性の領域として保全されている。そして場面場面によって〈理気のスイッチ〉（【2・1・6】）を切りかえながら暮らしている。それが韓国社会なのだと思うのです。

個も強く、共同体も強いという枠組みとしての〈理気〉。これは、個も弱く、共同体も弱くなってしまったとされる日本社会にとって、魅力的であるのはたしかです。個人主義と共同体主義はまったく相容れない概念だと錯覚したことが、戦後日本の誤りのひとつであると考えられるからです。

【韓国には多様な意見がない】

これも典型的な誤解であります。「韓国が一個」であるというのは、「しくみ」の「型」が一個だといっているのであり、このしくみを持った多様な意見が対立・錯綜《さくそう》しているのが韓国社会です。「意見が一個しかない」のでは決してありません。なかには竹島の問題や歴史の問題のように、ほとんどひとつの解答しか認められていないものもあります。この点は日本よりも非常に厳しい。しかし、すべてがそうではないのです。

むしろ韓国において、さまざまな立場や意見の対立は、非常に尖鋭《せんえい》的で劇しいものです。実に多様な意見の対立がある、その意味で自由な社会だといえます。ですから「韓国は一個である＝韓国には多様な意見がない」という等式は成立しません。

ただし、何が「一個」なのかといえば、今いったようにその〈理〉のしくみ、〈理〉の体現の仕方……そういうものがほとんど皆同型なのだといっているのです。

一元論的な枠組みから離れることが重要です。しかしそれにしては、前著のタイトル『韓国は一個の哲学である』は「一個」と銘打《めいう》っているかぎりで随分と一元論的ではないか、と思われる方もいるかもしれません。

しかしこのタイトルを見て、これは「韓国」という国民性乃至《ないし》民族性を一元論的に虚構しているのではないか、と思われるとしたら、それは誤りであります。なぜなら、ひとつには私はここで「韓国人は××である」と一元論的に説明しようとしているのではないからです。

すなわち私は〈理〉と〈気〉という〈ふたつ〉の概念の操作によって、多様な韓国人の像というものをその濃淡のグラデーションにいたるまで説明できるような方法論を編み出したのです。これを〈理〉あるいは〈気〉のどちらか一方のみで説明すれば、たとえば「縮み」という〈ひとつ〉の概念で日本を説明する、というように一元論的な解釈に陥ってしまうでありましょう。

しかし、それにしても〈理気〉という〈ひとつ〉の枠組みであたかも韓国の〈すべて〉を説明できるかのごとく語っているではないか。これはやはり国民性乃至民族性の虚構と固定化を企図するものではないのか。この批判に対しては、次のように答えます。実は韓国という国家自体が自らの国民および民族の境界を設定する際に、もちろん自覚的には使用していないけれども、〈理気〉という枠組みで自己を規定していると、解釈できるのです。この点については前著の【2・2・9】【2・2・10】で説明してあります。すなわち、次のようにいうのが最も正確でありましょう。「韓国とは、自らを一個の哲学と規定する国である」と。私が「一個の哲学である」と規定したのではないのです。私は単に解釈しただけなのです。

【儒教社会なのか、ダイナミックな社会なのか】

南北朝鮮は、一方でともにきわめて儒教的な社会だといわれるのに、他方では非常にダイナミックともいわれます。これは「儒教」といえば「男尊女卑で停滞的」という貧弱なイメージしか持たない日本人には、理解できないことではないでしょうか。

儒教には「保守の儒教」と「革新の儒教」がある、という重要な点をぜひ理解していただきたい。

新しい〈理〉をひっさげて登場する勢力は、「革新の儒教」を展開します（【5・3・5】）。古い〈理〉を打ち倒し、ダイナミックに社会変革を推進する。革命がその典型的な例であります。しかし、この新しい〈理〉による改革がやがて一段落し、落ちついてくると、おもむろに「保守の儒教」が勢力を伸ばしてくる。このときにも別の新しい「革新の儒教」はつねに胎動しているのですが、いまだ社会の表面で強力な勢力を形成するにいたってはいない。そんな状態は、停滞的にすら見えます。

『易・繋辞《けいじ》下』に「易は窮まれば変ず。変ずれば通ず」とあります。そもそも「易」という字からしてこれは蜥蜴《とかげ》のことであって、くるくるときらびやかに色を変えるものです。これがつまり〈変化の理〉なのです。儒にはこの思想が鉄杭のようにしっかりと打ちつけられているのであって、ゴリゴリの守旧はむしろ儒の伝統からいえば異端・末端・似而非《えせ》にちかいのであります。中曽根元首相はかつて「自民党は革新する保守だ」ということをいいました。自民党が本当に「革新する保守」であるかどうかは評価が分かれるでしょうが、この言葉は儒の立場にぴったりです。

しかし問題は、この「変化」が実は、皆同型である、ということなのです。儒の社会はめまぐるしく変化するけれども、いつもその変化のパターンが同じである。法則がある。ここが、みそです。

つまり、たしかに韓国は変化に富んだダイナミックな社会です。新たに登場してくる勢力はそれぞれ新しい理念をひっさげて華々しく登場する。しかしながら、そのどれもが、

「話の中身」は新しいけれどもそれを語るしくみは常に同じ、ひとつである、ということが特徴なのです。多くの韓国人がこれに同意します。大統領が代わると、決まったように「新韓国創造」「第二の建国」などといって過去との断絶性を強調するのですが（【5・3・15】）、やがてすぐに権力構造のしくみは過去と同型になってしまうのです（【5・3・7】）。「タプタプハダ（もどかしい、息苦しい、じれったい）」と韓国人はよくいいます。

【構造と変化を見ること】

さて、既存のさまざまな韓国論や韓国人論にひそむ誤謬や問題点を指摘し、それを〈理気〉で解くとどうなるか、ということを考えてきました。もちろんここでとりあげたもののほかにも、興味深い韓国論・韓国人論のパターンはたくさんあるでしょう。ここでは代表的なものしかとりあげられませんでしたが、〈理気〉的なものの考え方は、理解されたのではないかと推察しています。

重要なのは、要するに、「構造」を見なくてはならないということと、「変化」つまり歴史性を見なくてはならないということです。別の言葉でいえば、部分を全体化してはならないし、流動する現象を何か不変の本質と錯覚してはならないということです。

そしてわれわれの〈理気学〉は、このふたつをカバーできる方法論なのです。

第二章

人間関係の〈理気〉的しくみ

1――〈理の空間〉での人間関係

【人間、ああ人間】

人間関係。まさにこれこそが、韓国社会の一大基本であります。

人間、人間、人間。

韓国社会はまさに人間が渦巻く社会です。かつて私は、ソウルは場末の市場界隈《かいわい》に住んでいたことがありましたが、そこの道具屋や修理屋では、店の主人や職人たちが、鍵やらそのほかの道具やらを直している最中に、「イノマ(こいつ)、いうことよく聞けよ、イノマ」などといいながら作業をしていたものでした。機械や道具に相対しているというより、まさに人間に語りかけているのでした。

もちろんこういう光景は日本でも小さな工場や店に行けば、いまだに見られるものでしょう。しかし、日本ではそのような光景はずっと後退してしまった。それに較べて韓国ではまだそのような光景が日常的なのです。

それだけではない。ものを擬人化するしかたが日本と韓国ではやや異なるのです。

高度経済成長期に欧米人が日本の工場を見学して、そこの工員たちが機械であるロボットに「百恵ちゃん」などという名前をつけて作業をしている光景に驚いたという話があります。

韓国の場合は、そのように道具や機械を自分と同等あるいはそれ以上の存在と見てつきあうのではなく、あくまでも道具や機械を自分の支配下に封じ込めるのです。あくまで人間は道具や機械を支配し、かつ保護する立場にあるのであり、対等の立場にあるのではない。この点ははっきりしているのです。

【垂直の関係】

韓国人の社会では、なによりもまず〈垂直の関係〉が基本になっているということを知らねばなりません。「世界の基本は〈水平の関係〉だ」というナイーブな世界観を持っている日本の若者が韓国に行って、韓国人の「やさしさ」に触れて容易に感動してしまう、ということが多いのも、ポストモダン日本の尺度のみで異文化を眺めてしまうがゆえなのです。韓国人の「やさしさ」の本質も、韓国的な〈垂直の関係〉を理解せずには決して目に見えてはきません。

そして、まさに現代日本が抱えている諸問題は、この「垂直的な関係」の構築に失敗しているという点に起因するものが多いのです。教育の問題、家庭の問題、会社組織の問題などは、日本社会が戦後、特に一九七〇年代以降、垂直的人間関係に対する忌避《きひ》ないし恐怖という方向性をずっと取りつづけてきたことの結果であるといえるでしょう。

【差別の構造】

韓国のテレビを見ていると、差別の構造があからさまに描かれているのに気づきます。「大学を出ていない人間はだめだ」「××の職業の人間は価値がない」「こんな不細工な女はだめだ」ということをあからさまに、これでもかこれでもかと表現する。コムタン(牛のスープの料理)屋の厨房《ちゅうぼう》長はとるにたらない存在。この女、まず醜い顔を直してから出直してこい! 大学も出ていない娘は結婚もちゃんとさせられないわよ! ×××(特殊な病気の名)みたいな奴は近づかないでよ!

このような差別の構造があからさまに描かれているにもかかわらず、視聴者の抗議にも遭《あ》わずにドラマは立派に成立している、いや差別の構造を描けば描くほど視聴者の高い人気を得るといってもよいほどです。

その理由は、韓国社会全体が楽天的な〈上昇の構造〉によって支配されているからなのです。だめなものは上昇すればよいのであって(本人が上昇できない場合には子弟を上昇させればよい)、だめなものをだめなそのまま認めるということはありえない。

韓国のドラマと同じことを日本でやったらたいへんなことになるでしょう。実際上の差別がないのではないのだが、これを隠蔽《いんぺい》し、だめなものでもそのまま認めるんだ、そのような「近代的」で「リベラル」な考えを持っている人間がよい人間なのだ、という強烈にペシミスティックな〈現状維持の構造〉が日本を支配しているからです。

【大きく、高く、多い】

古くから続く芸能である河回別神《ハフエビヨルシン》仮面劇に描かれている世界は、そのまま今の韓国人にも当てはまるようです。

この劇では、両班（【4・1・5】）とソンビ（【4・1・7】）が、互いに「どちらが偉いか」で戦います。

「おれは士大夫だ」

「おまえが士大夫ならおれは八大夫だ」

韓国語では「士」と「四」が同音ですから、「士大夫」は「四大夫」と同音になります。ですから相手は四の倍の「八」をとって「八大夫だ」と威張ったのです。

「おれは四書三経を勉強したのだ」

「おれは八書六経を勉強したぞ」

「四書三経」は儒教の経典です。相手はその倍の「八書六経」を勉強したと威張る。

とにかく、「少ない」よりも「多い」ことが善しとされるわけです。

さらに、一人が、

「おれは門下侍中でなく門上侍大だ」

というと、相手が、

「どういう意味だ?」

と尋ねます。答えて曰《いわ》く、

「門下よりも門上の方が高く、侍中よりも侍大の方が大きいのだ」

「門下侍中」とは高麗時代の重要な中央官庁であった門下省の最高官僚のことです。それよりも「門上侍大」の方が「上」で「大」なのだと威張っているのです。

とにかく「低い」「小さい」ことよりも「高い」「大きい」ことが善しとされます。この仮面劇は、支配層のそのような世界観を強烈に揶揄《やゆ》しているわけです。

それは、「大・高・多」を善しとし、それに向かって上昇する、実に単純な世界観ともいえるでしょう。実にあっけらかんとしているし、楽天的でもあります。韓国の広告コピーに「最高」「最大」「第一」という言葉が乱舞しているのも、うなずけるでしょう。

日本では、自分を小さくしていって、そこで皆の最大公約数を求めるコミュニケーションがけっこう多いでしょう。それに対して、韓国では、自分を大きくしていって、そこで皆の最小公倍数を求めるコミュニケーションがけっこう多いといえます。

もちろん韓国にも自分を低めていう、つまりへりくだるということは多くあります。しかしこれは既存の「ニム（主）」つまり上位者に対する態度であり、それ以外の者に対する態度は、自分を大きくしていって自分との上下をそのつど決定してゆく、という方向性が強いのです（「ニム」については【1・2・3】）。

【ニムのインフレ】

なべて「少」「小」「低」はダメで、「多」「大」「高」こそがよい、という単純な価値観が韓国では強烈です。それゆえ、日本の『枕草子』や「一寸法師」など「小さきもの」の価値を説く文化に対して、劇しいとまどいを見せる。そのとまどいをひとつの文化論として結晶させたのが李御寧氏の『縮み志向の日本人』です。

韓国社会においては、皆、ひとことでいえば、「ニム」になりたいのです。

「ニム」とは「……様」と呼ばれるときの「様」に当たる語で、この「様」づけで呼ばれる位置、つまり「偉く、大きく、高い」位置に上昇したいというのが、韓国人の一般的な願望なのです。

朝日新聞の田中良和氏は、一九八七年の大統領選挙を取材中に、遊説中の盧《ノ》泰愚《テウ》候補が

「主婦ニム」という言葉を使ったことに新鮮な驚きを感じたといいます。それまで、「主婦ニム」という言葉は聞いたことがなかった。主婦層の人気を獲得するために「ニム」と呼んだことは間違いなかろうと思います。

ふりかえってみれば、この時から、「ニム」のインフレは始まったのかもしれません。資本主義と民主化が進行し、それまで社会で「ニム」として扱われずに抑圧されてきた多様な勢力が、自己の尊厳を主張し始めた、そういう時代だったのです。それとセットとなって、盧泰愚候補は自らを「普通の人」と呼びました。それまで「偉い人」だった大統領に「普通の人」がなる、という状況は、「偉くなかった人」が「ニム」になるという状況と対《つい》になっていたわけです。

一九九九年のことですが、テレビのトークショーで、ある女性タレントが朴チョルという男性タレントに、こういっているのを聞きました。

「朴チョル先生ニム、いや違う、先輩ニム、いやいや先生ニムっていってもいいでしょ?」

こういわれた朴チョルというタレントはまんざらでもありません。

するとその朴チョル氏の横にいた、先輩格の男性タレントが色をなして、

「何だ何だ、ねえ、朴チョルさんが先生ニムなんだったら、おれは何だよ、おれは!」

となるのでした。

ことほどさように、呼称というのは重要なのですし、また誰もが「ちゃんとした待遇」を受けたがっているために、どうしても「ニム」のインフレ状態にならざるをえないのです。

その証拠に、同じトークショーの別の場面では、男性タレントが自分の後輩を「後輩ニム」と呼ぶのでした。後輩に対してすら「適当に、ぞんざいに」扱ってはならない。「ニム」付けで呼ばねばならない。もちろんこの呼び方はたぶんにユーモアが含まれたものですが、それにしても、後輩すらもみだりに呼びすてにできない時代になってしまったのです。

【悪口】

まさに、この上昇志向こそは韓国社会の最大の特徴といってもよいのです。韓国語の空間というものも、この上昇志向とそれを支える垂直的人間関係を前提に成り立っているのです。

たとえば、韓国語の空間では他者の悪口をいったりけなしたりすることが実に頻繁《ひんぱん》に行われます。かつて日本語の空間が、日本的な垂直的人間関係に支えられていた時代には、このような悪口やけなしというものが生き生きと息づいていたはずですが、戦後の日本ではそのような関係性を稀薄化し隠蔽してしまった。それゆえ、今の日本語はそのような機能を完全に弱めてしまっています。

韓国社会も西洋的な人権や平等観念というものがかなり浸透してきていますので、韓国語の空間もだんだん揮発《きはつ》化し褪色《たいしょく》化しているのはたしかですが、それでも日本語の空間よりはまだずっとおもしろい。

日本では最近、韓国のIT革命のスピードがいかに速いかについてよく報道していますが、韓国人がなぜあれほどインターネットに熱中するかという理由のひとつに、「他者批判」という側面があることを忘れてはならないと思います。サイバー空間で飛び交う「辱《ヨク》(悪口)」の競演は、かつては場末の市場や道端で繰り広げられた「辱」の応酬が電子空間に移行して増幅されたものなのです。

【叱る】

さて、垂直的な〈理〉の関係においては、「モッテン(できのよくない)奴《ノム》」を叱る、ということも実に頻繁に行われます。

今の日本人は、なぜ他人を叱ることができないのでしょうか。

おそらく、今の日本人は、自分が道徳的でなければ他人を叱ることはできないと思っている人が多いのでしょう。自分の身をふりかえれば、どんな人でも完璧に道徳的だという人は少ないでしょうから、勢い他人を叱る人は少なくなってしまう。

すなわち今の日本人は道徳的なのです。かつての日本人はこれほど道徳的ではなかったのではないでしょうか。むしろ、道徳的というよりは道徳志向的な人が多かったのではあるまいか。自分は昼間から仕事もしないでのんだくれてばかりいるのに、近所のがきどもが騒ぐと、「おめえら勉強しねえと偉くなれねえぞ!」などと叱り飛ばす、そういう人物が昔はいたものでした。がきどもは「うるせえやい! そういうおじさんは偉いのかよ!」などと悪態をつきながら、でもそのおじさんのいっていることはよくわかるし、おじさんののんだくれた姿が妙に説得力を持って迫ってくる。

ところが今では、叱られる方の「人権」というものが発達していますから、叱る方はすべからくすべての点で叱られる人より優れていなくてはならない。

とすれば、誰でも脛《すね》に傷を持っているし、実力的にも道徳的にも完璧な人なんかはめったにいないので、「叱る」という行為自体がほとんど実行不可能な行為になってしまったのです。

それと同時に社会全体が相対主義化していますので、勢い他者のふるまいを直すということ自体が不可能になってしまっているのです。

この点は韓国も似たような変化を経験しています。かつてはよく地下鉄やバスの中で、オルン（分別を持った立派な大人）が若者や女子どものふるまいを「タジダ」して叱っていたものですが、九〇年代も半ばを過ぎた頃から、そのような光景が急速に減ってきているのは事実です。

【上下の逆転】

上昇志向と関連して、韓国社会の最大のダイナミズムは、「上下の逆転」が原理的に許されているところにあります。

これは「下克上」という概念とはだいぶ違います。というのは、韓国社会における「上下の逆転」は、あくまでも表に現れた〈理〉の多寡《たか》の逆転によるものとされているからです。十三世紀末に高麗王朝を倒して朝鮮王朝をつくった李成桂《イ・ソンゲ》は、実際はその強大な武力を背景に政権を掌握したのでしたが、朱子学のイデオロギーによって理論武装した彼の側近儒者たちは、あくまでもこれを「下克上」とはせず、〈理〉の劇的な交替による禅譲《ぜんじょう》と規定しました。それゆえ正当性・正統性を備えた政権として成立しえたわけです。

このように儒教による革命に対しては大きな理解力のある韓国社会ですが、逆に〈理〉のない上下交替に対しては非常に厳しい評価を下すのです（ただしこれは、韓国史にクーデターはない、ということとは違います。下克上のクーデターは少なくないのですが、それに〈理〉を付与することに成功したか否かが問題なのです)。

たとえば全斗煥《チョン・ドゥファン》氏が粛軍クーデターによって権力を握った一連の過程を韓国では「下克上」と表現しますが、これなどは明らかに、道徳的な裏打ちのない下位者による上位者の武力的打倒という意味がこめられています。それゆえ全斗煥政権は不道徳な政権として糾弾されることになりましたし、実際、全斗煥氏は下野したあと、盧泰愚政権によって「みそぎ」をさせられ、さらに金泳三《キム・ヨンサム》政権のときには法を遡及《そきゅう》して適用されて死刑判決まで受けたのでした(あとに減刑されましたが)。

さて、日常的に行われている「上下の逆転」は、多分に物理的な力によるものもありますが、それでも、皆が納得する「逆転」は、大いに〈理の尺度〉による逆転です。

そのため、このような垂直の関係において、相手と較べて自分の〈理〉がいかに顕《あらわ》になっているかを常に他者に示しておくということに関しては余念がありません。それゆえ、この空間におけるコミュニケーションは、ときにかなり攻撃的なのです。

【『グリーンフィッシュ』】

「道徳による上下の逆転」の場面がよく現れている例として、ある映画の場面をとりあげてみましょう。

『グリーンフィッシュ』という、李滄東《イ・チャンドン》監督の一九九七年の作品です。九〇年代韓国最高の男優といわれる韓石圭《ハン・ソッキュ》が主演で、貧しい生まれの主人公がヤクザの世界に入り、そこで純粋な魂を燃やすという物語です。

この映画を日本人の学生たちに見せると、皆一様に、次のシーンが最もおもしろかった、というのです。

主人公とその実兄がトラックに乗っています。実兄は、トラックに卵を載せて住宅地をまわって売り歩く貧しい卵売りです。主人公は実兄の手伝いをしています。兄が運転するトラックが信号無視をします。それを見つけた警察のパトカーが、トラックを追いかけ、道端に止めさせる。ここで兄はさまざまな言葉を駆使して自分を「見逃す」ことを警察官に要求します。警察官がハンサムだといって喜ばせようとする。自分の兄が刑事をやっているので警察官とは「同じ家族」であることを強調する。

しかしこれらの手管《てくだ》はすべて警官には通用しない。最後の手段として兄は、警官にお金を渡して解決しようとする。韓国社会ではけっこう一般的なものごとの処理方法ではあります。五千ウォンを出してもみ消してもらうことで話が決まりますが、いざ財布から金を出そうとすると、あいにく五千ウォン札はない。それで一万ウォン札を渡して釣りをもらうことにします。ところが警官は一万ウォン札を受けとったまま釣りを返しもしないでパトカーを発進させてしまう。

ここからがおもしろいところなのですが、日本映画だったらここで兄は「こんちくしょう、ついてねえなあ」などといってしがない卵売りの悲哀か何かを演出してカットとなるというのが、このシーンの普通の終わり方でしょう。今まで、日本映画でそういうペシミスティックなシーンを無数に見せられてきました。実にダイナミックさのかけらもないつまらない文法です。ところがこの映画では、卵売りは自分の車の拡声器で「おいこら！　そこのおまわり！　止まりなさい。金を返しなさい」と叫びつつ、逃げるパトカーを延々と追いかけるのです。

この映画を見た日本人の学生たちは、どうして卵売りがパトカーを追跡できるのか、不思議がります。しかし韓国の〈理気学〉からいえば、卵売り兄弟がなぜ警察車を追いかけることができたかは、明らかです。

交通違反をして警察に追いかけられる卵売りは、たしかにその時点で道徳的に警察より下位に位置していました。しかし、「見逃してくれ」といって交渉が成立したにもかかわらず警官が釣りをよこさずに逃げたその瞬間、この上下の位置関係は劇的に変わるわけです。

今や卵売りは警官より道徳的に上位に立った。しかも、貧しい卵売りの生計、つまり「めしを食う」という〈気〉の連続性を脅《おびや》かす行為は、〈理〉の存在としての警官がしてはならないことである。この時点で警官に〈理〉はなくなり、交通違反をしたという自らの非理よりも警官の非理の方がその規模で勝ることになり、それゆえ〈理〉を付与された卵売りは大声で満天下に警官の不道徳性を喧伝することができるのであります。

しかしこれを見た日本人学生は、悩みつづけます。たしかに釣りを返さなかったのは警官が悪いが、卵売りはその前に交通違反をしているではないか。その悪いことをした卵売りがどうしてあたかも自分の罪なんかは存在しなかったかのように楽天的に警官を攻撃できるのか?

楽天的! まさに楽天的なのです。なぜならすでに上下は逆転したのですから、上位者は楽天的に下位者を攻撃すればよい。これが韓国の上昇志向を支えているのですし、また上昇志向が強いから楽天性も強化されるのです。

【『愛してる、あなたを』】

もうひとつ、上下逆転の例を、今度はテレビドラマで見てみましょうか。

一九九九年に韓国のＭＢＣで放映されヒットした『愛してる、あなたを』というドラマです。これは女子高校生と男の先生との恋愛を描いたもので、この手のストーリーは韓国ではタブーとされてきたので、大きな話題になりました。

女子高に勤めるやさ男の数学教師・金先生は、教え子のソナと恋に落ちます。ところが金先生は他方で、この女子高の舞踊の教師である白先生（女子高を経営する一族の娘でもあります）と将来を約束する寸前まで来てもいます。

そんなある日、ソナは金先生に手紙を書きますが、その手紙はひょんなことから金先生の手に渡らずに白先生が手に入れてしまう。白先生は当然のように激怒し、ソナを呼びつけてこっぴどく叱りつけます。そしてソナはてっきり、金先生が手紙を白先生に見せたのだと思いこんでしまう。

その次のシーンが、見ものです。このシーンもまた、日本人の学生に見せると、不思議がるのです。

激怒したソナは、かつて金先生にプレゼントした鉢植えを、金先生の前で地面に投げつけてこなごなにします。

金先生：何やってんだ、おい！
ソ　ナ：あんまりです。先生を信じていたのがあまりにも悔しい。
金先生：ソナ！　甘やかしてたらこいつは……。

ここでソナは逆襲に出ます。このときソナが使う言葉が、パンマル（目下・年下・対等な相手に使うぞんざいな言葉づかい）なのです。ちなみにここで「悔しい」と訳した原語は「オグル（抑鬱）ハダ」という言葉で、自分に落ち度がないのにぬれぎぬなど道徳的な非をかぶせられたりしたときに韓国人がよく使う言葉です。この感情がたくさんたまると、「ハン」（【1・3・5】）になります。

ソ　ナ：これまであんたがいった言葉もみんな嘘だ。うわべだけ理解するふり、思いやるふりして。偽善者、いやそれよりもっと悪い。あんた先生やる資格ないわ！　やめちゃえ！

ソナにパンマルを使われてますます激昂したのか、金先生はソナの頬を平手で叩きます。ピシッ！

これも先ほど見た『グリーンフィッシュ』と構造は同じなんですね。ソナにとって金先生はもちろん目上の存在だから、当然尊敬語を使わなければなりません。しかし、この場面でソナは、自分が渡した手紙を金先生が白先生に手渡したとばかり思っている。だから、ソナの心の中で金先生は道徳的に劣位な存在になってしまっている。つまり、金先生の〈気〉

は一瞬にして濁ってしまったのであり、正当な行為をしている自分よりも序列はむしろ低くなってしまった。だからパンマルを使うべきだとソナは一瞬にして判断したのです（もちろん、ソナと先生は好きあっているので、その「情」がパンマルを使わせたという要素もなくはありませんが）。

このビデオを日本の大学生に見せたところ、「日本人だったら相手（金先生）に事実（白先生に手紙を手渡したのかどうか）を確かめてから次の行動を取るはずだ」という感想がありました。もちろんひとつのケースで全体を代表させることはできませんが、韓国人の場合、「カッ」となったらもう勢いが止まらないという場合が往々にしてあります。ましてやこの場面でのソナの怒りは、私的な〈気の怒り〉ではなく、正義の〈理の怒り〉（87ページ参照）なのですからなおさらです。正当な〈理の怒り〉であるためになおさら直進してしまうのですね。

【ハン】

さて、先ほどの『愛してる、あなたを』の場面で、金先生に殴られたあとソナは、大粒の涙を流しながら次のようにいうのです。言葉づかいはいつしかパンマルから尊敬語に戻っています。

「あんまりです。先生から見ればくだらなくても、それでも私は真心で書いた手紙なのに。

どうしてほかの人に渡すなんてことができるんですか？　先生がすべてなんですか？　生徒は人間ですらないんですか？　高三はプライドもないと思っているのですか？」

最後の「高三はプライドもないと思っているのですか？」というのは、「受験勉強に明け暮れる高校三年生というのは、人間としての尊厳をすべて奪われて、教師や社会のいいなりに奴隷《どれい》のごとく生きているのをたのしんでいるとでも思っているんですか」という意味です。昔は「結婚前の朝鮮人はなにものでもない。『青二才』として一顧だにされない」（イザベラ・バード『朝鮮紀行』講談社学術文庫）のでしたが、現代では大学に受かる前の高校生もまた、一人前として扱われません。それは理不尽だ、とソナは訴えているのです。

要するにこれは、ソナの「人間としての」叫びなのです。抑圧されていることへの「ハン」を声高に主張したわけです。

さて、ここで「ハン」という概念が重要です。

「ハン」は漢字で「恨」と書かれるため、日本語の「うらみ」と同じようなものであるという誤解がありますが、そうではありません。

「ハン」の意味として最もしっくりくる日本語は、「あこがれ」です（【1・3・5】）。

たとえば大学入試の検定考査に受かった中年男性が、「モッペウォソ　コンブガ　ハニ　テッタ（学校に行けなかったので、勉強がハンになった）」といいます。これは、「勉強がうらみになった」というよりは「勉強があこがれとなった」という意味なのです。

しかしより正確にいうなら、「ハン」とは「あこがれ＋うらみ」なのだといえます。

なぜあこがれとうらみが一体となるのか。それは〈理気学〉の「本来性」と「現実性」という概念から導き出されます。すなわち、すべての人は本来的には、〈理〉を百％与えられています。しかし現実には、〈気〉が曇っているのでこの百％の〈理〉のうち、表に現れるのはその全体ではない。〈理〉が現れたパーセンテージが多ければ多いほど社会的な位置は上とされている。しかしこの上下の位置関係は固定的なものではなく、克己によって〈気〉を澄ませば、〈理〉の現れた部分はより大きくなる（【1・3・1】）（【2・1・1】）。

このような〈理気学〉において、上昇の道がふさがれてしまっているとき、韓国人は「ハン」という感情を抱くのです（【1・3・5】）。ですからこの感情は、「上昇できない」という「うらみ」でもあり、しかし同時にいつかは上昇できるに違いない、という「あこがれ」でもあるのです。

さて、右の女子高校生ソナの発言が「ハン」の発言である、というのも理解できるのではないでしょうか。すなわち、ソナは今高校三年生という位置にいて、受験勉強に励まねばならない存在です。それゆえ一人前に扱われない「うらみ」を抱いています。しかし、そのうちきっと大学に受かって、誰にもばかにされない一人前の女になってやる、なることができるという「あこがれ」をも同時に抱いている。この感情がまさに「ハン」なのです。

2――〈気の空間〉での人間関係

【〈気〉のぶあつさ】

さて、日常生活がこんな垂直的な人間関係ばかりだったらさぞかし疲れるでしょうが、幸いなことにこのような垂直的な〈理の関係〉のほかに、韓国には水平的な〈理の関係〉(つまり水平的な平等の関係こそが正しいという原理)もあるわけですし、また何よりも水平的な〈気の関係〉〈気のコミュニケーション〉というものもあるので(【2・1・2】)、救われるわけです。

韓国語の空間では他者の悪口をいい、けなすことによって他者の位置を下降させようという圧力が強力に働いていることは先に指摘したとおりですが、むろんこればかりではやっていけるわけもない。

上昇志向が強く、上下の変動の劇しい韓国社会では、実に、〈気〉による癒《いや》しの機能というものも驚くほど発達しているのです。

〈気〉が、実にぶあつい。これが韓国の特徴です。

あるとき私は、汽車に乗って旅をしたことがありました。淋しい海岸線を汽車は走っている。だしぬけに隣のおばあさんが、私にゆで卵を食べろといいます。私はゆで卵はあまり好きではありませんので、遠慮しますと、今度はおばあさん、俄然《がぜん》勢いづいて「どうしても食べろ」という。私の口の中に強引に押し込もうとする。

この手の〈気〉のぶあつさについて書いている韓国旅行記や滞在記は枚挙にいとまがありません。ぶあつい〈気〉の世界に漂う心地よさは、あたかも母胎の羊水の中のようなものかもしれません。

また、そのような「情」としての〈気〉だけではなく、「欲望」としての〈気〉もまた非常にぶあついものです。よく韓国では、ダンスホールの一斉検挙というのを思い出したようにやるのですが、これが実におもしろい。真っ昼間に警察官がダンスホールに踏み込み、そこで不健全な遊びをしている男女（これがたいていは家庭を持っている中年・老年の男女です）を一斉にしょっぴくのです。ぞろぞろぞろぞろと、まあよくこんな小さな店にこれだけ入れたなと思うくらいたくさんの「不健全」なおじさん、おばさん、おじいさん、おばあさんが出てくる。男女の欲望が抑えきれないのは決して若者だけではありません。実に欲望はぶあつく、しかも素直です（ただしこれは〈気の空間〉のことであって、〈理の空間〉では欲望は実に厳しく制限されているのはいうまでもありません）。

素直でストレートで細切れになっていないまま渦巻く。これが韓国型の〈気〉の姿です。情や欲望は、もちろん日本にもあります。しかし、日本の場合、それらは意味ごとに細かく分節化され、細分化され、商品化されているのです。そこが、両社会の最も大きな違いではないでしょうか。

【あっけらかんとけなすことの効能】

さて、〈気〉による癒しは、右のようなオーソドクスなものばかりではありません。たとえば、他者を嘲笑《あざわら》う哄笑《こうしょう》というものも、重要な癒しのひとつであります。

アッハッハッハッハ

韓国の下宿に暮らしているときの生活を思い出すと、人びとのこのような大笑いの声が今でも耳の奥から蘇って聞こえてくるのです。

向かいの朴念仁が泥道で転んで体中泥だらけになった。よろずやの隣の素っ頓狂がどこかの女に愛の告白をして拒絶された。横丁に住んでいる唐変木の顔はもともとどんでもなく不細工なのに、最近ますますひどくなった。……そんな他者の失敗や欠点を大笑いするアジョシ（おじさん）やアジュンマ（おばさん）たちが、市井の家々には犇《ひし》めいているのです。それはあたかも「寅さんシリーズ」のおいちゃん、おばちゃんやタコ社長のようであり、ぶあつい愛情に裏打ちされた哄笑が谺する下町というのは、人間関係がそれだけ密な場であるに違いありますまい。

まさに、「世界を結ぶ輪は、人類愛なんかじゃなくてむしろ無邪気なあざけりの哄笑だ」（三島由紀夫『不道徳教育講座』角川文庫）といってもよいかもしれません。

また、この嘲りの哄笑の効用というものを熟知している韓国人は、自分の傷口を他者に見せることにまったく吝嗇《りんしょく》ではないのです。

むしろ亀裂があるということを最初にあからさまに示しておいて、そしてこの亀裂を埋めるために、「哄笑」を効果的に使うといった方がよいでしょう。

しかしここで間違ってはいけないことは、やはり「部分の全体化」です。つまり、「韓国人は自分の傷口を他者に見せることに吝嗇でない」という命題を、「すべての韓国人がいつも」そうなのだと勘違いすると、たいへんな目に遭うに違いありません。というのも、〈理の韓国人〉あるいは〈理の空間〉の韓国人は、自分の傷口など絶対に他者に見せはしないからです。

【離散家族のジョーク】

さて、〈気のコミュニケーション〉の例として、二〇〇〇年六月の南北首脳会談が思い出されます。

金正日総書記はそれまで、「瀬戸際外交」を展開する男と評価されてきましたが、実際の総書記はまさに「言葉の瀬戸際作戦」ともいうるきわどい冗談を連発して、韓国人を完全に魅了したのでした。

金総書記は晩餐《ばんさん》会の席で、離散家族をだしにして次のような危険な冗談を放ちました。その日、金大中大統領は金正日総書記と並んで座っていました。夫人同伴でない金総書記に気をつかって、夫人の李姫鎬《イ・ヒホ》女史を別席に座らせていたのです。すると総書記は、李女史を呼んで金大中大統領の横に座らせながら、「どうしてここで離散家族になろうとするのですか」といったのです。その場は爆笑の渦に包まれました。

この冗談に関して、「もし日本の森首相がこれと同じことをいったら失言になる」と指摘した日本のコラムニストがいました。離散家族の問題はまさに南北の微妙な懸案でありますし、何よりも韓国だけで一千万人以上ともいわれる離散家族たちは、焦がれる「ハン」を抱きながら苦しんでいるからです。

朝鮮でも失言になる可能性は大いにあります。それでもあえて強行突破してこういうことをいうところに、「言葉の瀬戸際作戦」の真髄は宿っています。それだけではありません。このジョークには、この民族の「笑い」の本質が宿ってすらいるのです。

すなわち、共有する「痛み」を公衆にさらけだして一気に傷口をひろげ、それを「笑い」という〈情〉で強引に埋めるのです。笑いを共有することは、亀裂の痛みを共有することでもあります。離散家族をだしにしても「失言」にならないのは、本能的に計算ずみだったのです。

3――〈理〉と〈気〉の使い分け

【人間関係における〈理〉と〈気〉の使い分け】

人間関係において〈理〉と〈気〉を使い分けるというのは、韓国人のコミュニケーションの大基本であります。

たとえば韓国人は食事をしながらよくしゃべります。酒が入ればよく怒鳴りも笑いもし、歌まで出て実に大騒ぎなのです。ところが韓国人は、「われわれは食事のときには黙って食べなくてはならない、と教育された」とほとんどの人がいうのです。この落差は何なのでしょう。

これはやはり、親や目上の人がいる〈理の空間〉での食事と、水平的な関係が基本となっている〈気の空間〉では食事の仕方がまるで違う、と考えるのがよいのです。

また、韓国人は自分の親にも敬語を使うとされていますが、一方で大人になっても親(特に母親)に甘えてぞんざい言葉を使っている人をたくさん目撃します。これもやはり、〈理の空間〉では敬語を使う場合も多いが、〈気の空間〉では情のこもったぞんざい言葉を使うのだと考えるのがよいでしょう。

注意しなくてはならないのは、これは「本音」と「建て前」の使い分けのように、どちらかが真実でどちらかが虚偽である、あるいは真実性の度合いにおいて差異がある、ということではない点です。〈理の態度〉も〈気の態度〉も、どちらも韓国人にとっては同じくらい真実なのです。ただ両者の間の懸隔《けんかく》が劇しすぎるので、日本人は往々にして理解に苦しんでしまうのです。

韓国の大学教授が日本の大学に来て日本の学生に教えると、たいてい次のようなことにとまどったり憤りを感じたりします。

曰《いわ》く、日本の学生は礼儀がなっていない。授業中に眠ったり雑談をしたりする。日本の学生は無反応だ。日本の学生は先生に人なつこくすりよって来ない。韓国の学生だったら

「先生、飲みに行きましょう」という。ところが日本の学生は、先生が「飲みに行こうよ」と誘っても、要領を得ない態度をとったり、迷惑そうな顔をする者までいる。

逆に、韓国人の学生はといえば、まず先生の前での礼儀がかなっているのは基本。授業中に眠ったり雑談したりはしない。質問もよくするし納得しなかったら食いさがっても来る。ところが授業が終われば今度は先生に人なつこく話しかけてくる。飲みに連れて行ってくれとねだる。

もちろん、韓国人がすべてこうだというわけではありませんし、先生のキャラクターによっても異なってくるわけですし、第四章で見るように最近の韓国の教室もかなり急激な変化をしつつあるのはたしかですが、日本人と較べると著しく違うことはたしかです。

これは、〈理気学〉的にいえば、韓国人が〈理〉と〈気〉をうまく使い分けていることを示しているのです。

〈理の空間〉ではきっちりと礼儀を保つが、〈気の空間〉では人なつこくふるまう。その落差というものが、社会的文法によってきちんと体系づけられている。

翻って、日本の学生は、この使い分けがほとんどできない。昔の旧制高校などにおける先生と生徒の関係は、かなり韓国と似ていたような気がしますが、今ではそんなものはどこにもなくなってしまった。

先生には礼儀をもって接しろ、というと、それ一辺倒になってしまうのです。人間らしさ、情の面を捨ててしまう。つまり〈理〉一辺倒になってしまって、〈気〉がなくなってしまう。

そして逆に先生が学生に「親しみ」「対等」という態度で接すると、今度は学生は、礼儀をいっさい捨てて友達のようにつきあおうとする。つまり〈気〉一辺倒になってしまって、〈理〉がなくなってしまう。

すなわち〈理〉と〈気〉の両方を常備していて、それを状況や相手に合わせてうまくブレンドしながら使い分けるということができない。どちらか一方だけになってしまうのです。人間関係において実に不器用きわまりない。

そして今の日本では「建て前＝嘘」という等式が完全に成り立ってしまっており、「本音こそが真実である」という信仰のようなものが一般化しています。さらに若者にとって、〈理〉っぽいものはすべて「建て前」、〈気〉っぽいものこそが「本音」だという強烈な固定観念がありますから、勢い〈理〉っぽいものはすべてうざったい、嘘くさいものとして認識される傾向が強いのです。理念や理屈という〈理〉に汚染されていない自分の「本当の」「純粋な」気持ちこそが真実である、と思い込んでいるふしがある。

何もこれは今の若者ばかりではありません。「純粋」という概念には、ふたつの考え方があります。ひとつは、すべての〈理〉から自由である状態を純粋という、と考えることで、もうひとつはある〈理〉に完全に没入した状態を純粋という、と考えることです。どんな社会にもおそらく、このふたつの考え方は存在するでしょう。そして日本の場合には、現在、前者の「純粋」概念が根強い勢力を誇っているのです。

【〈気の空間〉と〈理の空間〉の転換】

さて、以上のこととも関連しますが、〈理の空間〉と〈気の空間〉とを一瞬にして転換してしまう術《すべ》を、韓国ではぜひとも身につけなくてはなりません。つまり〈理気のスイッチ〉(【2・1・6】)を常備して、たくみに使わなくてはならないのです。次に挙げるのは映画評論家の佐藤忠男氏の文章です。

「私の知っている韓国人がみんなクソ真面目だというわけではない。盛んに冗談も言うのだが、情熱的な正論でキメるべき時と場が身についているというタイプの人がよくいる。私はアジアの映画を広く研究してゆく過程でアジアのほぼ全域で知人や友人を持つようになったが、こういう印象は韓国でとくに強く受ける。そしてつくづく、そういう態度のとり方のいちばん下手なのが私を含めた日本人ではないかと思うようになった」(『韓国映画の精神』岩波書店)

冗談を盛んに飛ばす空間は〈気の空間〉です。正論でキメる空間は〈理の空間〉です。この転換を一瞬にして行う。そこに人間関係の妙味は宿ります。

わが大学の大学院で日本語を研究している韓国人留学生に、私は次のように尋ねたことがあります。

「あなたはなぜ日本語を勉強してるんですか？　日本語ってそんなにおもしろいの？」

気軽に尋ねたつもりでしたが、その学生はこれを〈理の質問〉ととったらしく、〈理〉っぽい答えをしようと頭を働かせ、いざ口を開こうとしたときに、ちょうど横にいた韓国人の先生が、「おもしろくないけど、何か職を見つけて暮らしてゆかなくちゃならないから仕方なくやってるんだよね」と口をはさんだのでした。これは典型的に韓国風な会話です。

私の質問に対して学生は、おそらくは〈理の理由〉を話そうとしたのでしょう。その雰囲気を微妙に感じとりつつ横から口をはさんだ韓国人は、「食べて暮らしてゆく（モッコサルダ）」という〈気のわけ〉を話して会話自体をちゃかしています。

〈理の空間〉に〈気のひとこと〉を投じてその場を笑いや共感の空間に一瞬にして変える、こういうコミュニケーションは、韓国にあふれかえっています。

【〈理〉と〈気〉の落差のたのしみ】

韓国社会に慣れてくると、〈理の会話〉と〈気の会話〉の双方をうまく使いながら暮らすことに一種の快感さえ覚えるようになります。これに慣れると、たとえば日本のように、〈理のメリハリ〉もなければ〈気の癒し〉もない言語空間で暮らすのがたいへんつまらないばかりでなく、逆に窮屈で苦痛になってきもするのです。〈理の空間〉では自己の正当性を声高に主張し、しかし一転して〈気の空間〉では豪放に笑いあいながら杯を傾ける。この落差は快感以外の何ものでもありません。

おそらく二〇〇〇年六月の南北首脳会談のとき金大中大統領に随行した韓国人たちは、この〈理〉と〈気〉の落差のコミュニケーションができる地上の〈もうひとつの国〉をそこに発見し、そこに暮らす人びともまた「ウリ（われわれ）」であったことに狂喜したのでしょう。その光景をテレビで見た韓国人たちも同じ気持ちであったことでしょう。

この落差には、「本音」と「建て前」の懸隔のような「うしろめたさ」がないことが特徴です。「本音」と「建て前」も、あっけらかんと明るく使い分けるものであればうしろめたさは発生しない道理ですが、「使い分け」というのが何か道徳的な欠陥を含んでいるという認識が定着して以来、どうもうしろめたさに蔽《おお》われてしまっている。それに較べて〈理〉と〈気〉の使い分けは、今のところまだ道徳的によろしくないものという認識は発生していないのです。

【〈理の怒り〉と〈気の怒り〉】

〈理気〉的人間への対し方がいかに微妙であるか、という点に関して世界の耳目を集めた事件に、北朝鮮の金永南《キム・ヨンナム》・最高人民会議常任委員長の国連ミレニアム・サミット不出席事件がありました。これは、二〇〇〇年九月五日、国連ミレニアム・サミットに参加するためドイツのフランクフルト空港から米アメリカン航空に搭乗しようとした金永南常任委員長ら一行が、荷物検査・身体検査をしようとする航空会社職員の「侮辱的」な行為に対して怒り、米国行き自体をとりやめた事件です。

『朝日新聞』の「素粒子」（二〇〇〇年九月六日付夕刊）はさっそくこの事件をとりあげ、「怒りと人間の深い間柄を思い起こさせる」と書いています。そして「怒りは新しい使い方をしなければならない武器だ。なぜなら、他の武器はわれわれが動かすのだが、この武器はわれわれを動かすからだ」というモンテーニュの言葉を引用しています。

この「素粒子」の引用ですと、あたかも北朝鮮一行は米航空会社による「侮辱的な仕打ち」に怒り心頭に発し、直情径行《ちょくじょうけいこう》的に引き揚げてしまったかのようです。しかし、この解釈は間違っています。〈理気学〉的な人間の思想と行動というものを考えるべきなのです。

ここはどうしても、「怒りには、〈理の怒り〉と〈気の怒り〉があるのだ」という儒教の教えに耳を傾けるべきです。

カッとなって前後を忘れ、怒り狂うのは〈気の怒り〉であって、これはとるにたらないものであります。これに対し〈理の怒り〉とは、正義・理想・道徳など〈理〉の裏打ちのある怒りの感情であって、君子たるもの怒りを発するなら、すべからくこの〈理の怒り〉でなくてはならない。

ドイツの空港で金永南常任委員長が示したのも、「貴様ら人の道を知らぬ禽獣《きんじゅう》のごとき行いをするかっ！」という〈理の怒り〉なのであって、すべて自分の優位性を確保し相手を道徳志向的に攻撃するための行動であります。

すなわち彼は怒りという武器に動かされたわけではさらさらなくて、逆に怒りという武器を動かして米国よりも道徳的優位に立ったのです。そこには「逆にこの機会を使い、米国のテロ支援国家指定の不当性を世界に当面訴えていく」（『朝日新聞』二〇〇〇年九月七日付）という目的がこめられているわけです。

同時に、『朝日新聞』は「(北朝鮮は)体面や自尊心をとりわけ重んずるだけに、屈辱の傷は簡単にはいえないだろう」というコメントをしていますが(二〇〇〇年九月七日付)、このような解説が当然なされることも北朝鮮としては計算ずみです。「あの国は自尊心が強い」と継続的に思わせておく、ということは北朝鮮としては戦略上、決定的に重要なことですし、そのことによってこそ、最も安いコストで自己の存在を相手に印象づけることができるわけです。

吉本隆明氏はこの事件に関して、「アメリカ側にどんな規定があるにしても、一国の代表として渡米しようとしたものを遇す方法として、非行というよりほか言いようがない」「どんな弁明を試みても、他の国家にたいする侮りや敵意のあらわれであることは免れない。アメリカは大きいけれどとても小さく、富有の国であっても、けち臭くなったなあというのが、私の精いっぱいの感想だ」（『朝日新聞』二〇〇〇年九月十日付）といっています。

まさにこのような反応を世界中の人から引き出すことこそが、北朝鮮の狙った効果なのであって、その意味で金永南常任委員長のパフォーマンスは、大成功したといえるでしょう。

4――〈理〉と〈気〉の融合

【議論における〈理〉と〈気〉】

韓国人は議論好きが多い、というのは定説のひとつです。次に挙げるのも「議論好きな韓国人」像をよく表しているもののひとつです。

「この頃から私たちは韓国に友人知人が何人もできるようになったが、ときどきこんなふうに、日本では滅多に出会わないタイプの、正面切って情熱的に自分の信条を述べる人と出会うのは新鮮な経験だった。日本では苦笑まじりのシニカルな話になってしまうような仕事をめぐっての抱負や批判が、彼らの口から出るとじつにまっとうな正論となった。正論は日本では聞くとうっとうしい場合もないではないが、それを避けてシニカルな言葉に埋没しがちな日々を過ごしていて、ときたま韓国人の正論派タイプに会うと心を洗われる思いがする」（佐藤忠男、前掲書）

なぜ日本語の空間では「苦笑まじりのシニカルな話」になってしまうのに、韓国語の空間では正面切った情熱的な正論になりうるのでしょうか。

まず、〈理の空間〉を確保するのに何のためらいもないということがあるのでしょう。言葉は正しければ通じるのだ、という強烈な信仰がそこにあります。たとえば日本では広告をつくるときに、コピーライターたちは「そもそも言葉というものは容易に通じない」という前提のもとに広告をつくっているといってよいのですが、韓国のコピーライターたちは、「正しい言葉は必ず通ずる」という強烈な前提のもとにコピーを書いています。

しかし、それだけではない。韓国人の〈理の主張〉をよく聞いていると、その裏側に多くの場合、自己や共同体の利益だとか生活（つまり衣食住の確保）などといった〈気〉の側面があるのです。日本人はなかなか、裏に欲望や利益という〈気〉のある〈理〉を堂々と主張するのは気が引ける。ところが韓国人は、これを堂々と行うのです。先ほどの北朝鮮の〈理の怒り〉も、国益という〈気〉と表裏一体であったわけです。

もちろんここでも、民族性を型にはめてはならないと思います。たとえば「正論がうっとうしい」状況は、冷戦という政治的状況と深く関わっていたともいえます。韓国は直接北朝鮮と敵対して、白と黒をつねにはっきりとさせなくては自己の保全すらできない状況だった。それに較べて日本は米国に守られてきたという状況で、正論が成立しにくいという構図もあったのはたしかでしょう。


【〈理の父親〉と〈気の父親〉】


さて、ここでぜひとも、〈理〉と〈気〉のアマルガム（融合）ということを考えていただきたい、と思います。これは〈理〉と「情」の双方が備わった人格とでもいえましょうか。

最近、日本では、「父親」の立場と役割に関して盛んに議論されています。

たとえば「友達パパ」への願望というものが、子どもの側にも父親の側にも強くある。しかしこれが難しいのであります。「友達パパ」をやるべきか、やらざるべきか、という討論番組を教育テレビでやっていました。権威的な父親は嫌われるし、かといって友達になりすぎるとばかにされる。ジレンマですね。テレビの出演者から、こんな話が出てきました。

その父親は完全な「友達パパ」をやっていたそうです。さぞかし幸福な一幅の絵であったでありましょう。が、その父親がある日子どもに説教した。すると子どもは、劇しく反発したのでした。今まで友達だったのに突然「説教オヤジ」に変身してしまった、裏切りだ、とパニックになってしまったのだそうです。

どんな父親が理想的なのか、日本社会は今、劇しく苦しんでいるようです。

しかしこれも、われわれの〈理気学〉からしてみれば、実に簡単なことなのです。すなわち「説教オヤジ」は〈理の父親〉であり、「友達パパ」は〈気の父親〉なのであります。そして〈理気双全〉、つまり〈理〉も〈気〉もともに充実しているのがよろしい、というわれわれの立場から考えれば、当然のごとく、父親はこの双方を同時に併せ持っているのがよい。

また父親と母親の関係においても、父親は厳しさ、母親はやさしさ、と役割分担するのはよくありません。なぜなら父親にも母親にも〈理〉と〈気〉の両方があるからです。父親も母親も厳しさとやさしさの両方を持っているのですから、子どもに対しても両方を発揮すべきなのです。

【権威や権力と上手につきあう】

〈理気双全〉という意味からいえば、もうひとつ指摘すべきなのは、今の日本社会は決定的に「権威」や「権力」とのつきあいというものにナイーブになってしまっている、ということであります。

伊丹十三氏が生前、大前研一氏との対談番組でこんなことをいっていたのを思い出します（「ガラポン」テレビ東京、一九九六年一月四日）。

今の日本には母親と赤ん坊の関係しかない。これは基本的に「気持ちいい」の関係なのである。日本以外の国には「父」というプリンシパルがあるのに、日本にはそれがない。

援助交際をやっている少女は、「自分も気持ちよくて相手も気持ちよくてお金ももらえる。何が悪いのか」というのである。これも「気持ちよい」の関係しか存在しないことの現れである。

日本人には神もプリンシパルもなく、人間関係しかない。

マスコミも「論より感情」で動いているが、これも「気持ちよい」しかない日本の特徴なのである。

「気持ちよい」で何でもやっていけると日本人は考えているが、一歩日本の外へ出るとそれではやっていけないのだ。


伊丹氏の発言を〈理気学〉で読めば、彼が自分の人生の最後に何をいっていたのか、よくおわかりでしょう。

ここで「気持ちよい」というのはいうまでもなく〈気〉です。「プリンシパル」はもちろん〈理〉の担い手ですね。伊丹十三氏は、日本には〈気〉しかなくて〈理〉がない、と語ってこのしばらくあとに自ら命を絶ったのでした。

それはある種の絶望だったのでしょうか。それとも日本の母なる〈気〉への絶対的な帰《ハイム》郷《ケール》だったのでしょうか。われわれには知るよしもありませんが、彼の発言はよく理解できます。

たとえば家庭でも、父親が権威や権力をふりかざして向かってくると、子どもはたじたじとなって何もいえず恨みのみを鬱積《うっせき》させ、あるいは反発してコミュニケーションを断絶してしまう。

父親の側でも、「権威や権力をふりかざす人」というレッテルを貼られることを極度に恐怖し、人畜無害の人間になろうとする。そのあげく子どもの「叱り方」がわからず、娘が万引きして警察に補導されても、その娘に「パトカーの乗り心地どうだった?」としかいえない。

今の日本人は、徹底的に「権威」や「権力」とのつきあいが下手なのであります。

それは当然のことであって、なぜなら今の日本社会全体が「権威」「権力」というものを忌《い》み嫌い、それを褪色させ、また隠蔽しているからです。目の前に見えないものとうまくつきあえといっても、それはまったく無理な話でありましょう。

しかし健全な、というと語弊があるとするなら少なくともより賢い生き方を望むのだったら、「権威」や「権力」とうまくつきあって生きてゆくしかない。なぜならおよそ社会や共同体というもので「権威」や「権力」がないものはないからであります。「権威」や「権力」なしの社会や共同体を形成することができるのだというユートピア的発想にしばられている人は、むしろ周囲の人を不幸にする人です。現実を見なくてはなりません。

今の日本人は一刻も早く、「権威」や「権力」、すなわち〈理〉を手なずける術を身につけなくてはならないのです。

【損得勘定のできる道徳】

さて、〈理〉と〈気〉のアマルガム(融合)というときの〈気〉は、「情」ばかりでなく「利益」ということでもあります。石原慎太郎氏流にいえば、「損得勘定のできる道徳」が必要だ、ということなのです。

「損得勘定のできる道徳」。われわれの〈理気学〉でいうならこれは、〈理〉と〈気〉をむやみに分離してはいけない、ということです。

〈理〉と〈気〉の関係については、歴史上さまざまな論争がありました。これは、単に哲学上のスコラ的な議論であったと把える人も多くいますが、私はそうだとは考えていません。〈理〉と〈気〉の関係をどう考えるかは、まさにその社会をどういう社会にするのか、という問題と直結していたと考えるのです。

それらの論争によって規定された〈理〉と〈気〉の関係は、理一元論・気一元論・理気二元論など多様ですが、これに深入りするとたいへん複雑でむずかしい話になってしまいますので、ここでは非常におおざっぱにいって、〈理〉と〈気〉は離れているのか、それともくっついているのか、という点で分けて考えてみましょう。

ごく大まかにいいますと、〈理〉と〈気〉はそもそも離れている、と考える人と、いや、くっついているんだ、と考える人がいるのです。

前者のタイプは、人間の欲望（それは〈気〉です）とは截然《せつぜん》と区別された〈理〉というものが存在しうるのであり、またその純粋な〈理〉を追求することこそが君子なのだ、と考えるタイプです。これに対して後者は、いやいや、いくら〈理〉といっても欲望とまったく離れた〈理〉などというものはそもそもナンセンスだし、そんなものは存在しないのだ、と考えるタイプです。このタイプの人にいわせると、そもそも人間は欲望がなくては生きてゆけないのだし、欲望を滅することを至上価値とする仏教ならいざしらず、少なくとも現実社会を経営する理念としての〈理気学〉は、人間の欲望を否定することはない。いや、むしろ、人間の欲望あってこその〈理〉なのであり、人間の欲望を無視した〈理〉などというものは本末顚倒《ほんまつてんとう》そのものである、そんなものにまったく意味はない、とまで考える人もいるのです。

そもそも儒教は現実社会を経営するためのイデオロギーで、しかも子孫を残すことを最も重要と考える思想ですので、欲望を肯定します。欲望を肯定する上での道徳なのであって、いかに厳しい道徳といえども人間の欲望を全否定したり欲望と無関係に存在するわけではまったくありません。どんな〈理〉でも、欲望からは離れていない。人間の欲望を調和的に充足できない〈理〉などは認めないという立場です。

しかしどこの社会にもものごとを原理的に考えすぎてしまう人というのはいるもので、そういう人たちにいわせれば〈理〉にこそ至上価値があるのであって、〈気〉は卑《いや》しいものである、どうして〈理〉と〈気〉を同一の線上で語ることができるかっ！　ということになります。

とはいえ、結局儒教というものはどのみち人間の欲望を否定することはできないのです。つまり、〈理〉に至上価値を置く人も、〈理〉と〈気〉をかなり相対的に見る人も、どちらも〈気〉をまったく無視した〈理〉というものは想定していません。

ここのところが重要なのです。

……さて、説明がやや長くなりましたが、要するに、韓国人には、〈理〉を純粋に追求する人が多いと同時に、〈理〉と〈気〉はくっついているんだ、ということをよくわきまえている人も多い、ということなのです。

日本ももちろん、江戸時代の懐徳堂など商人や庶民の道徳を追求した伝統は色濃くありますが、他方で『葉隠《はがくれ》』などの武士道の影響も強くて、〈理〉と〈気〉を決然と潔《いさぎよ》く分離し、〈理〉を純粋化してしまって、「損得勘定のできない道徳至上主義」に陥ってしまう傾向も強いようです。

この傾向は昭和前期に最高潮に達したわけですが、おそらく、戦後日本が国家を守るためのドロドロの外交的駆け引きをしなくてもすんだ、という状況によって維持されたのでしょう。右翼も左翼も、現実から遊離した〈理〉のための〈理〉を唱えているだけであていどすんだ、という時代が戦後、あまりにも長く続いたようです。しかしそのような〈気〉抜きの〈理〉は、単なるお題目にすぎないのではないでしょうか。

ですから、日韓、日朝の外交的駆け引きなどでも、日本はまったく相手のペースにふりまわされるだけ、という傾向もうなずけるのです。

〈理〉を唱えるのは結局、どれだけ多くのメシ(〈気〉)を確保するのか、というためである、という現実的な認識も必要ではないでしょうか。

この点については後ほど、北朝鮮の〈理気〉についてお話しするときに触れようと思っています。

第二章

文化・生活に現れた〈理気〉

1——文化と商品

【「世界化」と文化】

文化こそは、韓国人の誇りの源泉であり、民族アイデンティティ（「アイデンティティ」を韓国語では「正体性」と訳します）の核となるものです。単一民族信仰は日本よりもずっと強いですし、その文化の起源も、「半万年」つまり五千年の歴史をさかのぼることができるとされています。

さて、金泳三政権（一九九三―一九九八年）の時代に韓国は、「世界化」というスローガンの下、「世界にうって出る韓国」の戦略を打ち立てました（【6・2・1】）。それは、それまでのように単に自動車や靴や船などをつくって世界に輸出する、というものではなく、韓国の文化を世界に売る、また文化的な内容とイメージをたっぷりと含んだ商品を開発して売る、というものでもあったのです。ここで唱えられたのは、「最も韓国的なものが最も世界的なもの」というコンセプトでした。そして「文化の商品化」を強力に推進しました。

もともと、文化こそは〈理〉の中核であります。朝鮮王朝は中華の正統なる継承者として自ら任じました。これを現在の韓国人学者は「文化自尊」と呼んでいます。中華＝文化こそが朝鮮の自尊心の源泉だったのです（【6・1・3】）。

この〈理〉の中核である文化を、商品という〈気〉の存在として扱う。これは韓国の伝統において画期的な出来事だといってよいでしょう。

しかし、そもそも「文化の商品化」の際の「文化」は、大衆文化（映画や演劇や歌など）、観光や食べ物など、要するに「高級文化」でないもの、つまり「文化自尊」というときの「文化」の範疇《はんちゅう》でないものを指している場合が多いのでした。すなわち、それらはもともと、「文化自尊」の「文化」＝高級文化とは異なる、一段階低いものとみなされていたものでした。ところが、「世界化」の潮流とともに、この「非高級文化」が輸出品目として外貨を稼ぐことができると認識された。そして企業はそれを商品化し、政権はそこに「世界化」という〈理〉を付与したわけです（【6・2・7】）。

これは、大衆文化などの「非高級文化」が韓国国内でも〈理の文化〉として認知されてゆく契機となりました。

またこれとほぼ時を同じくして、逆にそれまで〈理〉の領域だったものが次々と商品化されてゆく、という状況が出現しました。商品化という行為に〈理〉が付与された結果というわけです。たとえば一九九〇年代半ば、高麗大学校の洪一植《ホン・イルシク》総長は、「道徳性回復」を大学のスローガンに掲げてキャンペーンを展開しました（133ページ参照）。その目玉が、「孝思想」です。洪総長によれば「孝思想」とは、「現代文明が抱えているすべての悩みが、これによって解決されるかもしれない」ほどすばらしいものであり、「二十一世紀の人類から多大な脚光を浴びる新しい文化商品としての可能性」を持つというのです。

これは「孝」という究極の「高級文化」を巧みに商品化する戦略です。つまり〈理の文化〉の商品化です。

この手の動きには、もうひとつ、〈歴史の商品化〉〈ハンの商品化〉があります。南北分断のハンが収斂《しゅうれん》した板門店《パンムンジョム》、民主化運動の犠牲者のハンが渦巻く光州《クアンジュ》、独立運動のハンが結晶した西大門《ソデムン》刑務所……こうした歴史的な場所を、観光名所というかたちで商品化するのに成功したのです(板門店に関しては広島大学の崔吉城《チエ・ギルソン》氏が、光州に関しては秋田大学の真鍋祐子氏がそれぞれ詳しく研究しています)。

これらは立派な〈理の商品化〉の例です。

そして結局これらの動きと同時に、韓国人における「高級文化/低級文化」の二分論には風穴が開いたのです。今ではかつてのようにこのような二分論をふりまわす人は多くなくなりました。

2——〈理気〉の大衆文化

【〈理の映画〉と〈気の映画〉】

さて、次に具体的な文化について考えてみましょう。まずは映画です。

映画は〈理の文化〉か〈気の文化〉か、と二分法的に分類するとなると、これは典型的な大衆文化ですから〈気の文化〉に違いありますまい。間違っても「高級文化」とはいいがたい。

しかし、同じ「映画」というジャンルの中にも、実は〈理の映画〉と〈気の映画〉の別があるのです。前者は「芸術的」、後者は「商業的」「娯楽的」あるいは「煽情的《せんじょう》」なそれ、といってよいでしょう。

たとえば映画評論家の佐藤忠男氏は、次のように語っています。

「韓国映画には多くの美点があるが、私がもっともひかれるポイントのひとつはこの生真面目な倫理性であり、より正しい生き方、より真剣な生き方、より道徳的な生き方を求めてやまない人間たちが、ごく自然に登場するところ」(前掲書)

であると。これは〈理の映画〉といってよいでしょう。たとえば、「韓国映画の傑作には旅を扱ったものが多いが、それがしばしば、正しい生き方を求める求道の旅という主題と重なりあう」（同書）。

しかし、それでは韓国映画はそのようにまじめな〈理の映画〉ばかりなのかというと決してそうではありません。韓国の街の片隅を歩いてみてください。あちこちの壁に、何か異様なほどキッチュな肉色の煽情的ポスターが貼られているのを目撃するでしょう。『乳牛夫人の浮気』などという低級な色情もの映画がたくさんあるのです。

これを見て、「や、韓国は儒教社会ではないのか！　こんな桃色映画が存在してよいのか！」などと声高に叫ぶ人は、本書の読者の中にはいないと思います。なぜなら儒教社会とは、人間の欲望を抹殺するのではなく、〈理〉から排除して片隅に押し込める社会（【2・1・10】）なのですから。

ですからこれらの淫猥《いんわい》な映画たちは、韓国では文字どおり「打ち捨てられて」います。日本の往年の日活映画のような、まじめな評論の対象としてこれらの桃色映画が存在しているなどということはまったくありえない。ただひたすら、打ち捨てられている。

さて、話はかわって、最近の韓国映画に視線を投じてみましょう。日本人にも非常に人気があるわけですが、その秘密は何なのでしょう。

それはひとことでいって、〈理の映画〉と〈気の映画〉の融合なのです。

かつてのようにまじめな求道性一本槍の作品と、娯楽一本槍の作品とがきれいに分離していたのとは違い、テーマはまじめで深刻な中にも娯楽の要素をふんだんに融かしこんで、一本のまとまりのよいエンターテインメント作品をつくるというノウハウが、急速に発達したのです。これには映画づくりにマーケティングの手法を大々的に導入したことと、米国ハリウッドの手法をとりいれたことが大きな要因となっています。

一九九九年の初夏に東京で「neo Korea　韓国新世代映画祭'99」という映画祭が開かれたのですが、そのときに私は、次のようなコメントをしました（『朝日新聞』一九九九年六月五日付）。


「どれも日本人にとってわかりやすい映画ではない。すべての権力関係を脱色した今の日本社会と違って、韓国社会は全日常が権力関係で成立しているから。

決して抑制されない肉体たちが、饒舌《じょうぜつ》を武器にし、飲・食・性という欲と金にまみれて生き、さまよう。

でもその底にあるのは〈理〉＝道徳を求めて身もだえする韓国人のハン（恨）だ。

だから逆に、韓国人の〈理〉（道徳）志向性のしくみがわかる人には、すべてが細部まででおもしろいはず。

他者攻撃する荒々しいせりふやごつごつしたしぐさのひとつひとつが、悲しいほど理屈化されている。

日本人にとっては、その理屈がうそっぽく感じられもする。しかし自己の欲望〈〈気〉〉を理屈〈〈理〉〉で説明できない人間は社会から排除されてしまうのが韓国。

猥雑さと道徳をきっぱり切り離す日本人と違って、猥雑な日常の泥沼で道徳にあこがれもだえるのがハンなんだ。だからハンとリリシズムは無縁のもの。繊細な悲哀を期待してはいけない」

それならなぜ姜帝圭《カン・ジェギュ》監督の韓国映画『シュリ』が日本でヒットし、岩井俊二監督の日本映画『Love Letter』が韓国でヒットしたのでしょうか。答えは簡単です。

『シュリ』は、日本人に、〈理〉のかっこよさを提示したのです。絶対の任務。〈理〉によって死ぬことの絶望的なまでの美。軍服・イデオロギー・硬直した語尾などの恰好よさ。掟＝〈理〉と情＝〈気〉の極限的な緊張……まさにこの映画は、朝鮮半島の軍事的・諜報《ちょうほう》的状況というものをハリウッド流に絶妙にマーケティング化したものです。日常にそのような緊張の皆無な日本の若者は、〈理〉の恰好よさと酷薄さに吸い込まれたのでした。

これとは逆に『Love Letter』は、韓国の若者に、すべての〈理〉から自由な境地とはどんなものか、それを提示したのです。国家だとか民族だとか共同体だとか歴史だとか、そのような〈理〉に媒介された人間の〈情〉ではなく、まったく純粋無垢《むく》の、〈理〉とは無関係の〈情〉というものを韓国の若者は堪能《たんのう》したのです。

韓国映画『八月のクリスマス』(許《ホ》秦《ジ》豪《ノ》監督)も、純粋なリリシズムに溢れた作品でしたが、これなどはどうもこれまでの韓国映画とは大分雰囲気が違う。いかにも「リリシズム」や「純愛」を優等生的にマーケティング化してみました、という感じが濃厚にします。そのへんの研究は韓国映画界は余念がないのです。

自文化に今欠けているものを、互いに相手に求める。そのような関係が、日韓の映画交流の中で行われているといえるでしょう。

【〈理の広告〉と〈気の広告〉】

韓国の広告にも、〈理気〉の世界観がくっきりと刻印されているのをわれわれは発見します。

東海大学で広告学を講じている岸井保氏によれば、「広告はメッセージと同時に相手を共感させるための空気を送っている」といいます。そのうえで、「韓国の広告から出ている空気は強く、濃い」と指摘します。

岸井氏の分類によれば、韓国の広告に特徴的な「空気」には、①歴史・伝統の強調（古い慣習、伝統的な衣服・食べ物・絵画、歴史上の偉人などを登場させる）②南北関係・統一のイシュー（恐れ・緊張・別離・運命・希望などの意味を含む記号となる。首脳会談以降変化も）③日本へのこだわり（独立運動・解放・植民地・竹島問題・慰安婦などがくりかえし登場する）④率直な生理表現（心臓などの臓器、肉体の一部の超アップ、ヌード、戦争場面などが露骨に使われる）⑤家族や親戚などの血縁共同体（ただしこれは案外多くない）の五種類があります。これをわれわれの〈理気学〉で分類すると、①②③は〈理の広告〉、④は〈気の広告〉です。⑤は、血縁共同体の理念を語っている場合は〈理の広告〉、その情を語っている場合は〈気の広告〉といえるでしょう。

岸井氏も指摘していることですが、たとえば、韓国の広告には、商品の特性とさして深い関係はなさそうなのにやたらと李舜臣《イ・スンシン》（文禄の役で日本水軍を撃破した英雄）や亀甲船（日本水軍に壊滅的な打撃を与えた朝鮮の軍船）などが登場します。たとえば甘柿ジュースの広告に李舜臣が現れ、スローガンは「飲料民族主義者」。

そうかと思えば、三星の冷蔵庫の広告では「独立万歳」というキャッチコピーが躍っている。何かと思えば、冷蔵室の構造が独立的につくられているから「独立万歳」なのだそうです。これもあきらかに日本を意識したコンテクストです。

またこれも有名な広告ですが、従軍慰安婦が現代のソウルの繁華街に立っている。コピーは「征服されるのか。征服するのか」というものです。外国製品ではなく国産のスポーツシューズを買うべきだというシューズメーカーの広告。これなどは日本だったら広告会社の新入社員でも恥ずかしくてつくれない実に青くさい作品だと私などは思うのですが、韓国ではたいへん好評で、賞もとったのです。

なぜ韓国の企業はこういう広告を好んでつくるのでしょうか。

企業という利益追求の〈気〉の側の存在が、「ナショナリズム」という〈理〉をとりこむことによって、「われわれは同じ韓国人なんだ」という〈理〉を増幅させ、その結果、国民の企業に対する意識を肯定的なものに、つまり道徳的で〈理〉的なものに変える。そのような意図が、韓国の広告にはあからさまに現れています。

ものを売るだけならば、別に「われわれはひとつの韓国人」というメッセージを発する必要はない。むしろ差別化という観点からいえば、「皆ひとつの韓国人」というコンセプトである必要はないのであって、「あなたはほかの人とは違う」というメッセージでもよいはずです。

日本の広告だと、オリンピックのキャンペーン広告なんぞを除いて、「われわれはひとつの日本人」などという「野暮な」メッセージは含まれていない。ひたすら個と個の微細な差異のみを末梢《まっしょう》神経的に拡大し刺戟《しげき》しています。しかしながら、逆にいえば、まさに「日本人的な感性」にしか通じないそのようなメッセージを流すことによって、それらの背後には明示的にではなく暗黙的に、「われわれはひとつの日本人」という当然の前提が横たわっているわけです。

これとは逆に、韓国の多くの広告が「われわれ韓国人」というメッセージをあからさまに流すのは、「ほかの人とは違うあなた」というメッセージが通用する共通の土台を今、必死につくろうとしているのだ、と考えてよいでしょう。日本の広告だったら「われわれ日本人」は自明なので、そこは省いて「ほかの人と違うあなた」だけ強調していればよいのだが、韓国の場合は下手に「ほかの人と違うあなた」だけ強調するととんでもない誤解が生じる可能性があるために、迂遠《うえん》な感じもするけれど「われわれ韓国人」という土台をつくっておかなくてはならないわけです。

しかしテレビ広告はわずか数十秒の世界、新聞広告にいたってはわずか一秒の世界といわれます。そんな刹那《せつな》のような時間にまどろっこしい段階的な理屈なんかとても詰め込めるものではない。勢い、ほとんどの広告は「われわれ韓国人」と「ほかと違うあなた」のどちらかだけをメッセージ化することになります。このときに、前者を選択する企業が韓国では比較的多い、ということなのです。北朝鮮の放送のように一枚岩的に愛国心を叫んでいる、というものではありません。あくまで戦略的・戦術的なメッセージ選択の問題なのです。

3——〈理気〉の文化生活

【〈理のレジャー〉と〈気のレジャー〉】

韓国で各種の博物館や独立紀念館や戦争紀念館などに行くと、親子連れの姿がたいへん多いのに気づきます。八月に戦争紀念館に行ったことがありますが、そこは、夏休み中のお父さんに連れられてやって来た親子で溢れているといった感じでした。

そしてこの光景を見て私は、心からうらやましく思ったものです。

父親や母親が、子どもにさまざまな展示の説明をします。「ウリナラ（わが国）はこんなふうに戦ったのだ」「日本はこんな酷《ひど》いことをしたのだ」。子どもたちはその説明や展示の解説を一語も逃すまいとノートにとっている。その姿は実に一生懸命で、けなげですらあります。

いったい、日本の親子が夏休みにこのように有意義な時間を過ごすことは可能でしょうか。レジャーといえば、東京ディズニーランドや映画館に行って娯楽的時間を過ごすか、アウトドアで自然に接するくらいがせいぜいでしょうか。余裕のある家族は海外に行ったりもするでしょう。そういうレジャーを否定する気はさらさらありませんが、こればかりではいかにも情けない。自分の子どもに、歴史を教える場すらろくにない。

たしかに東京にはたとえば「江戸東京博物館」という立派な博物館がありますし、京都や奈良はそれ自体が博物館のようなものですし、地方地方には重要な遺跡が豊富にあります。また東京都は二〇〇〇年の十一月に「東京文化財ウィーク」と称して、都内の約三百件の文化財を一斉に公開しました。これはすばらしい企画だと思います。

でも何せ散らばりすぎている。

そして、ナショナルな規模でのヒストリーを体系的に体験でき、教えることのできる場というものがない（日本の那須にも、「日本唯一」と銘打った「戦争博物館」がありますが、これは個人の奮闘によって運営されているものとのことです）。翻って韓国には、ソウルだけでもそういう施設がいくつもある。首都のど真ん中に、民族の戦争の歴史をすべて凝縮した巨大なメモリアル・パークがあるのです。むしろ韓国では地方の文化というのは日本に較べて貧弱なので、ソウルに集中している、というようなところがある。

最近私は会津を旅して、あたかも小さな韓国を歩いているような気分になりました。歴史の理不尽、「われわれ」の悲劇性、「敵」の道徳的不当性を街という空間のいたるところに刻印し、主張し、記憶している。街全体に強烈な道徳志向性が渦巻いており、空中には冤魂《えんこん》が浮遊し、歴史がまさに生きている。その意味で、会津のような環境は歴史体験としては恰好だと思いますが、しかし鶴ヶ城でも飯盛山《いいもりやま》（白虎隊が自刃した聖地）でも、子どもに真剣に歴史を教えているお父さんにも、一生懸命ノートをとっている子どもにもついに会うことはできませんでした。

たとえば韓国の西大門刑務所歴史館では、かつて「日帝」が行った拷問《ごうもん》を体験できます。植民地時代に実際の監房があった場所に拷問装置があり、子どもたちはお化け屋敷に来たように昂奮して拷問を体験しています。遊園地のお化け屋敷に行くよりも、独立運動家が拷問を受けたのと同じ装置での身体の苦しさを体験する方が、ずっと「深い」経験だと思うのですが、いかがでしょうか。

これらの施設は、「反日」「反共」「民族主義」などといった理念つまり〈理〉が柱となって支えているのですが、そればかりでなく〈気〉の側面も最大限に活用しているのです。それは、右に挙げた「日帝の拷問体験」もそうですが、そのほかたとえば、「朝鮮戦争当時の食べ物体験」「朝鮮戦争の避難民の生活体験」「レーザー小銃射撃体験」「軍服を着て記念写真」「北朝鮮の拷問体験」などなど、身体を使っての体験、〈気のアトラクション〉が盛りだくさんなのです。〈理〉と〈気〉の両方をフルに活用して歴史を再現するわけです。

結局、〈理〉と〈気〉を両方活用するというのが韓国の紀念館のおもしろさであります。それに較べると日本は実につまらない。遊園地、レジャーランド、プール……〈気のレジャー〉しかない。もちろん韓国にも〈気のレジャー〉はたくさんありますが、そのほかに〈理のレジャー〉もある。選択肢がある。翻って日本には選択肢がない。たまには〈理のレジャー〉もしたいのにできない。もちろん逆に韓国人にとってみれば、〈気〉が巧みに商品化されたレジャー施設の整った日本がうらやましい、という気持ちも強くあるでしょう。韓国からの留学生を箱根の「星の王子さまミュージアム」に連れて行ったところ、「ウリナラにはこういうものはない」といって喜んでいました。また韓国の場合は〈理のミュージアム〉が「歴史」にかたよっているのに対し、日本はさまざまな科学館やプラネタリウムなど、自然科学の面で比較的ゆたかだという点も忘れてはならないでしょう。

また指摘しておかねばならないのは、韓国のこのような施設は、民族あるいは国民の記憶の装置であり、ナショナリズムの形成の場であるということです。

そこで語られる物語は、断片的でも地域的でもなく、全体的で体系的で中心志向的です。そしてその物語は強烈に自国中心的でもあります。たとえば天安《チョナン》近くにある独立紀念館で語られるのは、あくまでも韓国中心の独立の歴史であり、もちろん金日成などの独立運動への言及はありません。また独立運動に限らず、歴史の記述がすべて「ウリナラが正しい」

という一枚岩でできあがっている。

もし日本に「戦争記念館」という施設があったとしたら、これを見学した日本の子どもたちの反応は、おそらく、①戦争はいけないことだ、という戦後教育的お題目か、②軍とか武器ってカッコイイ、という軍事オタク的関心のふたつに収斂されるのではないでしょうか。韓国ではまったく違います。ウリナラがいかに正当であったか、わが民族(あるいは国民)はいかに勇敢に正しく戦ったか、これからも戦おうとしているか、正しい戦いはいかに正しいか……ということをこれでもか、これでもかと確認しているのです。

ソウルの戦争紀念館では、小学生くらいの少年が「敵は××だ」と話していました。まさにここには「われわれ」と「敵」という構図が渦巻いているのです。

しかしだからといって、〈気の娯楽〉ばかりに占領された日本人の脳とどちらが幸福であるかは、一概にいえるものではありません。

【〈理の美〉と〈気の美〉】

ある大学で〈理気学〉を講義しているとき、「女性も〈気の美〉だけ追求してちゃだめです。〈理の美〉が備わってこそ本当の美なのです」という話をしたことがあります。

するとこの話を聞いた多くの女子学生たちが、意外に強い反応を示したので私は驚きました。「そうです！　先生のいうとおりです。お化粧やダイエットで外見だけ見栄えよくしたって何の意味があるでしょうか。私は先生のおっしゃるとおり、これから内面の美を磨くことにします」とか、「今日の先生の言葉には衝撃を受けました。私も〈理〉の力を強くして魅力的な女性になりたい！」などという反応がたくさん返ってきました。

何か戦後の『青い山脈』のように純粋な女子学生たちだなあ、と私は逆に恐ろしくもなったのです。今どきの女子大生ってこんなに素直なのか。何かおかしいぞ。もしかして、この人たちはふだん、何がおいしいとか何がかっこいいとか何がおもしろいとか、〈気の言葉〉だけでしか生きていないから、だしぬけに〈理の言葉〉を注入されるとコロッといってしまうのではないのか？　……そう考えると、これは非常に危険な状況であります。若者が新興宗教に簡単に没入していってしまう、というのもうなずける。

実に、今の日本の女性たちの中に、「韓国の男はかっこいい」という人がけっこういる最大の理由は、ここにあるのです。

日本の男は、外見に細心の気を配り、タウン情報誌などを駆使してデートの場所や女の子の気分の盛り上げ方をよく研究している。もちろんこういうことは韓国の男も最近よくやるようになったのですが、日本の場合はそれ一辺倒になってしまっている男がやたらと多いことが特徴です。そんな男が演出する「気分」のみのデートに飽き飽き、うんざりしている女性たちも多い。そんなとき、あたかも神への讃歌のように〈理〉を謳《うた》う男が彗星《すいせい》のように目の前に現れたら、どうなるでしょうか。相手の気持ち、相手の気分、相手の機嫌のみをおもんぱかっているように見えながら実は自分の欲望のことしか頭にない日本の男が、突然ばからしく見えてきてしまう。別に韓国の男でなくても、どこの男でもよいのですが、力強い〈理〉を注入してくれる男がたのもしく、しかも〈気〉のやさしさも持っていればますます人間的で、かっこよく見える。そんな気持ちになっても、決して不思議ではありません。人間は〈気〉だけでは生きてゆけない動物なのです。

【〈理の話し方〉と〈気の話し方〉】

人の話し方にも、〈理の話し方〉と〈気の話し方〉があります。

美しいのは〈理の話し方〉です。自分の主張をきっちりと込め、語尾もはっきりと発音し、内容も首尾一貫している。このような話し方をする人は、美しいに決まっています。

しかしどうも日本では、このような〈理の話し方〉をする人を嫌う傾向が一部に根強くあるようです。「偉ぶっていて嫌だ」「自分のことばかり主張して協調性に欠ける」「冷たい印象がする」云々。

これは実に憂《うれ》うべき日本人の心性といわざるをえません。堂々と〈理の内容〉を〈理の口調〉で主張する人（特に女性や若者）を見て、何か仇敵《きゅうてき》に出会ったような顔をして睨《にら》みつけるおじさんというものが、日本にはごまんといるのです。いやおじさんだけではない。女性同士、若者同士でも、そのような〈理の話し方〉をする人は往々にして容易に排除されてしまう。さらに今や大学の講義でさえ、学生にすりよるような〈気の話し方〉をしなければ聴きもしない学生がたくさんいる。かたくるしい〈理の話し方〉をすればすぐ眠ってしまうのであります。彼らにとって〈理〉は、実に眠いものであるようです。

しかし考えてみればこれは、拒絶する側のみの問題でもないようです。

結論として、〈理〉と〈気〉がうまく合わさった話し方が、理想的といえるのではないか。というのは、〈理の話し方〉はいいのだが、往々にして〈理のみの話し方〉になってしまう人がいて、これは確かに聞き苦しいわけです。

びしっと筋が通っていて、しかもそれだけではなく感情もこもっている。これが相手を動かす話し方でしょう。

私が小学生のとき、学生運動の活動家たちが演説している音声をよく聞きました。彼らは、いってみれば〈理〉を語っているのですが、実にパセティックな激情と絶望とが綯《な》い交《ま》ぜになっていて、感動的なものでした。

しかし同じアジ演説でも、どうもさっぱり感動的でないものもある。これは何が違ったのでしょうか。子ども心にも、型にはまっているだけの演説は、聞いていて非常につまらないのでした。おそらくこれは、「型」という〈理〉のみがあって、「情」という〈気〉が足りなかったのでしょう。また同じ絶叫調でも、やはり感動的なものとただ耳障《みみざわ》りなだけのものがある。これも要するに、「激情」が〈理〉とうまく嚙《か》みあわずに、空まわりしているだけのものは耳障りだったのでしょう。

以前、教育テレビで外国語教育に関する番組をやっていました。英・独・仏・西・露・伊・中・韓の八ヵ国語でそれぞれネイティブの男が日本人の女優を口説《くど》き、そのうまいへたによって女優が点数をつけるのですが、韓国人の口説き方の点数が高かったのです。西洋人の多くは詩的にロマンチックに相手をほめることに終始するのでしたが、韓国人だけは一方的に「おれにまかせろ」といいはなつのでした。この口説き方に対して女優は、「気持ちはないけど行ってしまう」とコメントしていました。これはまさに、相手の〈気〉を自分の方向に向けるための強引なやり方です。このやり方に接した日本人の反応は大きく二つに分かれるでしょう。ひとつは「男らしい」と感動してついて行くタイプであり、もうひとつは「自分勝手すぎる」と嫌悪するタイプです。前者は男の話に〈理〉を認めたのであり、後者は男の口調に勝手な欲望という〈気〉の匂いをかいだというわけなのでしょう。

【〈理の語尾〉と〈気の語尾〉】

話し方の〈理気〉についてもう少し考えてみましょう。

大学のキャンパスを歩いていると自然に、学生たちが話している声が切れ切れに聞こえてきます。これはもちろん、学生運動の頃のキャンパスではなく、二十一世紀の今のキャンパスです。

特別に耳を澄ませて話の内容を聞きとろうとしているわけではないので、何を話しているのかはよくわかりませんが、私の耳に強く刻印されるのは、彼ら彼女らの言葉の最後の部分、いわゆる「語尾」の部分なのです。

いちばん耳に残るのは「……ジャーン」という語尾。これは実に醜い印象を残す音であります。もとは横浜あたりの方言だったということですが、私はこれが大嫌いであります。そして男子学生は先輩や教師と話すとき、たいてい「……スカ」という語尾を使う。「ほら、おれって勉強めったにしないじゃないスカ」。これも妙に卑屈な感じを人に与える語尾であります。君に「じゃないスカ」っていわれたって困っちまうじゃないスカ。

語尾というのは実に重要なものです。私は右に挙げたような「……ジャーン」とか「……スカ」というのを総称して〈気の語尾〉と呼んでいます。これらの語尾には感覚的な「ノリ」しかなく、論理的な「帰結」がない。韓国の場合、「……スカ」などという感じの語尾で目上の人と話すことはもちろんありません。

そしてこの〈気の語尾〉を研究しているうちにわかったことなのですが、人間というのは〈気の語尾〉を使っているうちは必ず、主体でなく客体、つまり人に従属し人に使われる側に属しているのです。

主体性のある人間が〈気の語尾〉を使うということはほとんどありえないようです。彼らは「……である」「……です」というきっぱりとした〈理の語尾〉を使います。主体性を発揮するためには、自己の論理を完結させておかなくてはならないことが多いからです。

と考えると、今の日本の学生たちが〈理の語尾〉を使えないで〈気の語尾〉しか話せないのも、わからないでもない。大人のつくったきっちりした秩序の中で客体として生きるしかないのかという萎《な》えた意識を生きる若者に、〈理の語尾〉を話しなさい、といっても無理で無駄なのかもしれません。

しかし問題は、グローバリゼーションであります。国際社会という場で、〈気の語尾〉しか話せない日本の若者は、〈理の語尾〉を話す外国の若者にとうてい太刀打ちできず、従属してしまうのではないでしょうか。いや、問題は若者だけではない。閉鎖的な既存秩序の中では立派に〈理の語尾〉を操るかのように見える日本の大人だって、世界にほうり出されたらどれだけ〈理の語尾〉で話せるか。むしろ北朝鮮や中国や台湾や韓国の人の方がずっと〈理の語尾〉を強力に操るのではないでしょうか。

【〈理のヘアスタイル〉と〈気のヘアスタイル〉】

ヘアスタイルにも〈理〉のそれと〈気〉のそれがあるのをご存知でしょうか。

最近日本では街を歩くと、ビジュアル系のロックバンドの真似でもしているのか、前髪を長く長く伸ばして、目を隠し、すだれのようにしている若い男をよく見かけるでしょう。日本の若い男が髪を長くして粋《いき》がるのは何も最近の出来事ではない。はやりすたりはあるけれども、一九六〇年代の終わり頃から、髪を長くした男たちは街にいくらでもいたものである。ところで何を隠そうこれがまさに〈気のヘアスタイル〉なのであります（もちろん六〇年代終わりにはこれは「対抗文化」としての〈理〉の象徴であったわけですが、やがてそのような理念性は揮発してしまいました）。

長い前髪で顔を隠している男たちは、いったいどうして顔を隠しているのでしょうか。それはひとことでいえば、天から燦々《さんさん》と降り注ぐ〈理〉の光が自分の顔に届かぬように、髪を長くしてシャットアウトしているのです。彼らにとって、天からの〈理〉の光が自分の顔に届いてしまい、その光によってピカピカと照らされてしまうなどということは、お尻まるだしで昼日中銀座を歩くのよりもよほど屈辱的な出来事なのに違いない。

なぜなら彼らは自分の、自分だけの感性というものを信じ、それのみが世界で信じるに足るものであって、それ以外のもの、ましてや〈普遍〉などというものが自分に宿っているなんてことは、死んでも認めたくはない。自分の〈個性〉こそが宇宙で最高のものなのであって、特に自分こそは選ばれて祝福された人間なのだから、他人なんかと髪の毛一本だって同じなわけはない。俺様が歩けば周りの女の子たちは俺様の個性光線に晒《さら》されて卒倒しそうになるはずだ、と思い込もうと必死だから、個性を否定しにかかるかのような〈普遍〉は端的に敵である。そういう〈他人とは違う病〉にかかった無数の男たちが皆同じヘアスタイルをして街を歩いています。

これとは反対に、〈理のヘアスタイル〉とは、天から降り注ぐ〈理〉の光をできるだけたくさん吸収しようという頭ですから、当然髪の毛は短くなり、いわゆる坊主頭に近くなる。軍隊のヘアスタイルというのはどこの国でもたいていショートカットですが、これは軍の至上命令という〈理〉をできるだけ迅速に全面的に受容しなくてはならないので、髪の毛が長くてはだめなのです。高校野球とか、柔道など、〈理〉の光を浴びれば浴びるほど強くなると信じられている競技の選手が、たいてい髪を坊主に近く短く刈り込んだ〈理のヘアスタイル〉なのも、なんとなく納得がゆくでしょう。

このほか、サラリーマンという人種が大切に伝統を継承しているヘアスタイルに「しちさん」というのがあります。このヘアスタイルの起源が西洋にあるのかどこにあるのかは知りませんが、ひとつだけいえることは、この「しちさん」を発展・固定化・保護したのは明らかに日本のサラリーマンという人種であるということであります。これこそは、会社という〈理〉のフィールドにおいて一生懸命働くための、規格化され分節化された〈理のヘアスタイル〉といえるでしょう。ポマードをつけてテカテカにし、髪に宿った〈理〉の光で周りを照らせるようになったら、これは一流です。

女の髪の毛がたいてい長めなのも、やはり〈理〉から遠い存在、〈理〉から排除された存在であったことと関係があるでしょう。その証拠に、自立した市民として立派に社会で〈理〉の活動をしている女性は、髪が非常に短いことが多いわけであります。

さて、韓国の場合には、軍隊があります。そこで必ず〈理のヘアスタイル〉という通過儀礼をすませなくてはならない。

これは、韓国の若者にとっても辛い経験です。若者らしい自由な〈気〉を満喫《まんきつ》したい年ごろに、頭を丸坊主にして国家の〈理〉に奉仕することを満天下に宣言しなくてはならない。また、自分の信じる〈理〉と、軍の〈理〉が背馳《はいち》する場合も多いでしょう。たとえば自分は一生懸命に物理の勉強をして国に奉仕したい、しかしそれとは理想の異なる軍に自分の〈理〉が吸収されなくてはならない。あるいは北朝鮮との友好を〈理〉としたいのに、休戦ラインの最前線にへばりついて北と対峙《たいじ》しなくてはならない。ヘアスタイルをめぐる思いは、非常に複雑です。

ある有名な歌手が軍に入営することになりました。彼は自由奔放そのものの世界観を歌ってきた歌手です。ヘアスタイルも奇抜なものでした。その彼が入営の前に髪を切るシーンは、韓国のテレビで大々的に放送されたものです。国家の〈理〉を宣揚するためには、恰好の材料だったわけでしょう。

第四章

社会における〈理気〉

壮元。

数百年の永きにわたって、韓国人の心をお天道様みたいにあたりまえのように支配しつづけてきた、超メガトン級の強迫観念です。トップであること。一番になること。壮元とは、科挙で首席になることです（【1・3・3】）。

日本人なら「日本一」になればよい。これは強迫観念としては、比較的楽なほうなのです。なぜなら「日本一」という言葉には言葉の綾《あや》があって、きびだんごをつくっても宴会芸を演じても何をしたって、それがある種の「道」の域に達していれば、「よっ、日本一！」と呼ばれうるからです。これは極端な例ですが、つまり日本「一」は文化現象の分節のしようによって、「無数」に存在しうるのです。この「一」と「多」のからくりが実は、日本の経済発展の一原因なのでした（【1・3・4】）。

ところが韓国の場合は、厳しいことに「勉強」という唯一至大なものさししか存在しえなかったのです。科挙という国家試験に全国トップで合格すること。これこそが、これのみが、朝鮮に生まれて最高最大の栄誉であり目標なのでした。李栗谷《イ・ユルゴク》というのは李退渓《イ・テゲ》と

1——〈理気〉の教育

【百生懸命、勉強ファイター】

ならんで、韓国人に今でも最も尊敬されている儒学者ですが（【1・3・3】）、彼こそは韓国人の理想を体現した天才なのでした。二歳で字を読み、十歳で儒教形而上学を体得した詩をつくり、十三歳で進士初試に合格し、二十代以降には九回も壮元になったのでした。そのため当時の子どもたちは栗谷を「九度壮元公」といって尊敬したのです。孟子のおかあさんよりも韓国では、「申師任堂《シン・サイムダン》」という人が母親の鑑《かがみ》として身近に尊敬されますが、彼女こそは偉大なる栗谷先生の母なのです（【1・3・3】）。

さて、現代において壮元をめぐる戦いを繰り広げる場は、もちろん大学入試です。

夜の十一時を過ぎた頃、轟音《ごうおん》とともに走るバスの中に、女子高生たちが満杯になっています。どこかで夜遊びをして来たのか？　否。学校で猛勉強をして来たのです。毎日、弁当を三つ持ち、朝が明ける前に家を出、学校で夜遅くまで勉強して帰って来る。

これが、韓国の高校生の生活です。大学受験競争の苛酷さは、日本以上であることは間違いありません。

大学進学率は米国に次いで世界第二位。全国の大学は点数によって明確にランクづけされている。学士だけでは物足りないので、修士、博士を獲得しようとがんばる人が多いのも際立った特徴です。

かつては全国一律のたった一回の試験ですべての受験生をふりわけていましたが、一九九四年からは、「大学修学能力試験」という全国一律の一次試験のほかに、必要によって各大学独自に「本考査」という二次試験を行う制度に変わりました。

この国には「入試冷え」という言葉があります。試験の日には毎年なぜか決まって気温がぐっと下がるのです。ところが大学の門の前は、非常な熱気です。受験生の母親たちが集まって門に飴《あめ》をくっつけています。「くっつく」という韓国語は「試験に受かる」という意味も持つからなのです。

韓国人の壮元コンプレクスは、近代にはいってますます強大化しました。というのは、昔は実質的に科挙を受けることのできる層は限られていたけれども、今では制度上、誰もが「入試」を受けられるからです。この通過儀礼のすさまじさは、韓国の発展の原動力のひとつとなりました。韓国国内では飽き足らず、米国などの外国にまで行って道場破りよろしく壮元を狙う。「外国の名門大学首席卒業!」という文字が、新聞や主婦向け月刊誌のページを飾って、母親たちが争って読みます。そのような子を育てることが、韓国の母親の最高栄誉なのです。またそういう学生たちが実に多く輩出されます。

中年以上の韓国知識人が数人集まれば、必ずといってよいほど子息をどうやって米国のよい大学へ入れるか、という話が出ます。

まさに、一生懸命に勉強するどころではないのです。ひとりの壮元の肩には、一族の栄誉がすべてかかっています。今生きている一族ばかりではありません。子孫はもちろん、すでに死んだ遠い先祖まで、壮元様は栄光で照らしつくすのです（これこそが孝行中の孝行です）。つまり韓国人は、「百生懸命」に勉強する壮烈な血族代表ファイターなのです。

【教育の諸問題】

しかし韓国の教育にはひずみも多いことは確かです。

成績を悲観した高校生の自殺はあとをたちません。「課外」と呼ばれる、入試のための不法な個人授業には巨額の金が動きます。また教師への「寸志」と呼ばれる一種の賄賂も一向になくなりません。ある調査によれば、いじめの数は日本より多いといいます。大学入試の重圧が影響しているのは明らかでしょう。また「博士になりたい」という欲求にも、純粋に学問をきわめたいという〈理の博士〉のほかに、とにかく大学に就職してメシを食うためにてっとり早く博士号を取得してやろうという〈気の博士〉志向が根強くあるのも現実です。米国の得体も知れない大学で博士号を取って来て「教授様《ニム》」とふんぞりかえっている無能な教授も多いのです。

しかし何よりも最も大きなひずみは、人間の価値を「勉強」という一元的な基準によって評価するその風土にあります。その伝統が強く残る社会だから、ものを精巧につくったり、オタク的な情熱で創意工夫をしたりすることに対しては高い評価を与えてこなかったのです。ものをつくったり売ったりする人や学歴のない人(大卒でない人)に対する蔑視は強いのです。

最近では、詰め込み式の教育風土を変えようと、韓国社会は果敢な努力をしています。このままでは、国際社会で創造力あふれる活躍ができる人材を育てられないとの危機感が生じたのです。

【学校崩壊】

このように今、「勉強国家」の風土に、急速に変化が起きています。

生徒や学生が、かつてのようには勉強しなくなりました。これは大学入試システム自体がかつてのような猛勉強を強要するものからやや脱却しつつあるという要因もありますが、何よりも資本主義の発達によって、儒教的な権威主義に反抗する若者がたくさん出てきたということが大きいでしょう。多様な職業が社会的に認められ、しかも勉強して偉い人になるよりもスポーツ選手や芸能人になって成功した方がずっと大きな富を手に入れられることがわかったことも大きい。

一九八九年に『幸せは成績の順位じゃないでしょ』という映画がヒットしましたが、このようなメッセージは九〇年代終わり頃には抑えきれぬほど強くなっていきました。また勉強は一生懸命するのだが、その場所が学校の教室ではなく塾に移行しつつあるという現象もあります。塾の方が受験に必要な内容のみを効率的に教えてくれるからです。

学級崩壊が広がる。体罰をする先生を生徒が警察に告発する。「勉強は塾でするもの、学校は休む場所」という認識が広まって、教室で寝ている生徒が増える。「学校はすでに塾に敗北した」ともいわれます。

教師たちは、この事態に面くらい、多くの教師が「こんな教室で教えることはできない」と教壇を去りました。

【大学の道徳教育】

このような社会の変化に危機感を持ち、伝統的な〈理〉の復活を唱える教育者たちもたくさんいます。そのひとつが、名門の高麗大学です。次の文章は、高麗大学が全国紙に掲載した広告のコピーです。

「今、われわれの社会は道徳的危機に逢着《ほうちゃく》しています。人間性の喪失《そうしつ》が極点に達した現実を前にして、教育者の一人としての責務を痛切に感じています。

同時に、未来の国家発展の責任を担う力量ある人材の不足も痛感しています。わが高麗大学は道徳性の喪失と高等教育の遅れというこの惨憺《さんたん》たる状況の前で、なによりもまず大学の責務を痛感しています。

（中略）

われわれは韓国社会が切実に求めている、道徳性回復の源泉になろうとしています。われわれは無限の競争時代を勝ちぬく創造科学と先端技術を創出して、二十一世紀の文明を先導する思想の求心点になろうとしています。

（中略）

『孝』教育と全学生の寄宿舎生活教育を通じての道徳教育の強化！　全人的人間育成のための入試制度の改革！　国際化に備えた人材養成！　このような革新が、高麗大学の『正しい教育、偉大な人づくり』運動の根幹であります」（『朝鮮日報』一九九四年十月十七日付）

今の日本ではたして、「正しい教育、偉大な人づくり」などというスローガンを臆面もなく掲げる大学があるでしょうか。このような燃えるような理想を掲げて学生を募集する大学が今の日本にあるでしょうか。

しかしながら高麗大学は、道徳、道徳と〈理〉ばかりを唱えているわけではありません。その証拠に、人気女性三人グループ歌手であるS.E.S.のメンバーを入学させ、ちゃっかり学生の人気取りにも気を配っているのです。これには賛否両論ありましたが、このように〈理〉の裏には必ず〈気〉があり、それをしっかりと使い分けていることも、なかなかおもしろいものです（90ページ参照）。

この伝でいけば、日本の大学も、たとえば小田急線沿線にある大学ならば「わが大学の学生は潔き若人精神を発揮し、小田急線では絶対に座席にすわらずにお年寄りや体の弱い人に席を譲ることを宣言する！」という〈理のスローガン〉を掲げてみたりするのも、よい方法かもしれません。学生は最初は敬遠するでしょうが、そのうちに社会での評価はうなぎのぼりに高まり、就職率もよくなる（これが〈気〉の効果です）、ということになれば自ずと優秀な学生も集まって来るというものです。

【〈理の教育〉と〈気の教育〉】

さて、韓国において成績という〈理〉の尺度がいかに強力であるか、しかしそれが最近やや揺らぎを見せてもいる、という話をしました。

これとは別に、学校という空間で重要なのは、社会生活の基本を教えるという意味の〈理〉

です。

人間は〈気〉のみ〈気〉のままでは生きてゆけない、という重要なことを教えるのは、家庭、地域社会、国家などとともに、学校の役割でしょう。

それなのに、日本の教育ではこのことが忘れられてしまっているのではないか、と思うのです。

私はかつて、自分の娘を通わせている幼稚園の授業を参観して、大いに驚いた覚えがあります。

そこで先生がやっていることといえば、「いかにたのしく遊ぶか」ということばかり。子どもを「のびのび育てる」とか「たのしさの中での学び」というコンセプト自体はたいへんいいと思うのですが、そればかりになってしまっては大いに困るのです。今の日本の幼稚園ではたのしく自由に遊び学ぶことはしっかりやっても、人間としていかに生きるべきかという最も根本の教育が弱いような気がするのです。その結果、他者に否定され、正されることを怖れる弱い人間、そして他者によって正されたことに憤慨し、逆襲する人間が数多くつくられているのではありますまいか。

翻って韓国の保育園に子どもを預けていたとき、私が見たのは、先生が子どもに「いい子になろう」「それはだめだ」「嘘をついてはいけない」「××すべきだ」「××してはいけない」……などという「否定」と「当為」の〈理の言葉〉を朝から晩まで子どもに注入しつづけている光景でした。しかもそれは父性的な厳格一辺倒ではなく、母性もふんだんに加味して全人格的な大人と子どものぶつかりあいの中で教え込まれていたものです。型にはまった道徳教育となれば子どもに対する抑圧ともなりますが、ごく自然に人間として守るべきことを教えるのは、重要なことです。

もちろん韓国にも悪い人や嘘つきはたくさんいるのであり、むしろ悪い人がたくさんいる社会ではそれだけ「いい人になりなさい」という教育を熱心にするのだともいえます。

しかし、今とりあえず重要なのは、今の日本の子どもたちの中にはおそらく、〈理の教え〉をほとんど受けないまま〈気〉のみ〈気〉のまま大人になってしまっている子がいる、という点です。

日本人は確かに規則をよく守る。バスは時間どおりに来るし製品の納期はよく守られている。しかし、このような「ルール」や「規則」は細分化された〈理〉なのであって、元来の〈理〉とは根本的に異なるものです。

またこれとは逆に、韓国人の場合はものごとの根本的な〈理〉はかなり教育を受けているが、細分化されたルールや規則という面での〈理〉はおろそかになりがちなので、交通マナーやら食事マナーやら、マナーと名のつくものはおおむね得意ではないのです。

【外国語教育】

さて、教育といえば、外国語教育のことをとりあげる必要があるでしょう。なぜなら私は今、大学では主に韓国語教育の仕事をしているからです。

わが大学には毎年夏に、韓国から一ヵ月の間、大学生が語学研修に来ます。わが大学からも韓国に一ヵ月間、語学研修に行くので、日韓の学生同士の交流もかねて合同授業というのをします。日韓の学生がひとつの教室で互いに相手の国の言葉をしゃべってコミュニケーションをするのですが、ここで毎年同じ光景が繰り返されます。韓国の学生は一生懸命日本語で意思疎通を図ろうとするのに、日本人は特別に性格の明るい数人を除いては、皆黙りこくってしまうのです。

中には口に梃子《てこ》を突っ込んでこじ開けようとしても、決死の覚悟で口を開かない「銃爆弾精神(北朝鮮の用語)」の学生もいます。

韓国人の方は日本語が異様に達者です。それも憎たらしいことに、日本語を習い始めてまだ十ヵ月だという学生もいる。かたや日本人は、「何年韓国語を習いましたか」と尋ねられるや、「一年習いました」というのを正しく韓国語で語ることすらできずに四苦八苦している。

韓国人の方は、「もう一年も韓国語を習っている」というのにほとんど初歩の言葉すらはっきりとはいえない日本人に対して、軽蔑や憐憫《れんびん》を通りこしてすでに純粋なる驚きの表情を隠せないでいます。「ソンナコトガアッテヨイノダロウカ、イヤコイツハジョウダンヲイッテイルニチガイナイ」。

しかし、しかし、一方で、日本人はまた逆に、会話でなく紙に書かせてみると、これは実によく書く。きちんと書く。これは日本人学生の名誉のためにいっておかねばなりません。韓国語の単語テストや作文テストなどをすれば、実にちゃんとやるのです。

過去形だって紙に書けばきちんとつくれるはずなのに、韓国人に面と向かうと、全然過去形が口に出て来ない。顔を真っ赤にして「あれ」とか「うーんと」などといいながらニヤニヤしている。

これはどうやら国民的病気ではないのか。そう考えざるをえないのであります。

なんとしてでも外国語の会話を上手にさせなくてはならない。そのような職業的使命感が、私を襲うわけです。

【〈理気学〉による外国語上達法】

そのとき私の頭には当然、〈理気学〉が浮かび上がります。

〈理気学〉でなんとか、外国語が上達できはしないか。

答えはイエスです。〈理気学〉を使えば、日本人はあっという間に信じられないくらいの外国語上手になること請け合いなのであります。

まず、どうして日本人は外国語をしゃべれるようにならないのか、という分析から入りましょう。

その理由をひとことでいうなら、〈理〉の力も〈気〉の力も弱いからです。しかも〈理〉と〈気〉がくっついていないからなのです。

〈理〉と〈気〉がくっついていないというのは、たとえば〈理の英語〉は大学入試英語で、〈気の英語〉は旅行英語としますと、このふたつが分離してしまっていることが問題だということです。

それではどのような方策があるでしょうか。

まず〈理〉の力を強化すること。自分がこの外国語でコミュニケーションすることは、おおげさにいえば自分の道徳的使命である、その使命を貫徹するためには、多少恥ずかしい思いをしようが関係ない、と思い込んで「銃爆弾精神」で突破することができれば、外国語はおのずと上達するでありましょう。

しかしながら、人間というものはそうそういつもいつも〈理〉の力だけで奮闘できるものではない。

ここに重要な要素として登場するのが、〈気〉の力です。

これにはいくつもの側面があります。

まずは「利益」というものの力を挙げざるをえない。利益といえば朱子学では濁った〈気〉の代表的なものとして蔑視されますが、実際これなしで人間が行動するというのは限度があります。それゆえ儒教では不当な利益は否定しますが、正当な利益はこれを肯定します。

この場合、利益というのは、要するにインセンティブのことです。インターネットで起業するために英語を磨くとか、実生活上の利益を求めて外国語を勉強するというのは、むしろごく普通の発想であるはずですが、なぜか日本の学校教育ではこれが欠如している。そういうことは神聖なる学校でやるのではなく「町の」塾や外国語学校でやるものということになっています。利益や欲望を完全に排除するのが教育だという純粋志向にとらわれているのです。

もうひとつは、「情」の力が重要です。外国語が異様に上手な人の中には、異性あるいは同性の友人と深くつきあい、そのつきあいの中で外国語をマスターしてしまうという人が多いでしょう。これは「情」という〈気〉の力を最大限に利用した方法です。

そしてこれらの〈理〉と〈気〉を融合させた力を養うべきなのです。その一例として、

「文法」か、「ノリ」か、というダイコトミー（二分法）の空しさをとりあげてみましょう。

外国語教育の現場には「文法派」と「フィーリング派（細かい文法の知識なんかは置いといて、ノリでしゃべれば外国語はうまくなる）」の対立があります。

ここで「文法派」は〈理の外国語教育〉、「ノリ派」は〈気の外国語教育〉こそがすべてだ、と主張していることになります。

しかしおそらくこれは永遠に平行線をたどる対立なのであって、解決する方法はただひとつ、〈理〉と〈気〉の両方を、学習者の資質に合わせて塩梅よく混合し、教えてゆくのがいちばんよいのです。

以前、ＮＨＫテレビで、日本企業がいかに英語を導入しているか、という番組をやっていました。ある自動車メーカーの社員が、フランス人と英語で話し合い、広告案を決めるのです。ところがこの日本人の考えをフランス人はなかなか理解しない。日本人は必死で自分の知る英語を駆使して相手を説得しようと試みる。

私はこの番組を見ていて、「あっ」と驚いたのです。というのは、この日本人が英語を話している態度や内容を見ていると、まるで日本人ではなくて韓国人そのものなのでした。

どうしても相手を説得しなくてはならないという焦《あせ》りにも似た積極性、相手に身を乗り出すようにして執拗《しつよう》に語る口ぶり、「おまえの国とわが国は違うんだ、なぜ理解できないいんだ」という自国の特殊性に対する信仰と不遜《ふそん》、そして「結局あいつらにわかるわけはない」という絶望的で傲岸《ごうがん》なあきらめ、そういうものが綯《な》い交《ま》ぜになった、誇りと劣等感がぶあつく堆積した魅力的な中年男の顔。それはまるで日本人ではなく、私が韓国でよく見ていた韓国人の顔と体型としぐさそのものだったのです。

そしてもっとおもしろかったのは、その男性がフランス人との英語の会議を終えて、おもむろにテレビの取材者に日本語で話し始めると、とたんに典型的な日本人そのものに変身してしまうのでした。

論理や理屈ではなく比喩でものを語る。はっきりと語尾まで語り終えるのではなく何か自信なさげに言葉を終わらせてしまう。なによりも背中を丸める姿勢は、英語を話しているときの傲岸にも近い強引な態度とは打って変わって完璧なるジャパニーズ・サラリーマンに戻ってしまっている。

これほどおもしろい劇を見たことは、最近ないような気がしました。

この男性の態度がスマートであったかどうかは別として、彼は英語をしゃべっているとき、まさに〈理〉と〈気〉の力をフルに発揮していたに違いないのです。

2——共同体の〈理気〉

【ディープ・コリアはどこにあるか】

かつて一九八〇年代に話題になった本に、写真・船橋英雄／文・湯浅学／画・根本敬の三人の著になる『ディープ・コリア』（ナユタ出版会）というものがありました。これは韓国の庶民の暮らしや情、行動やしぐさなどというものを、たいへんおもしろい文章と絵と写真とでルポしたもので、画期的な本でした。ここに描かれた韓国社会は、ディープな「ウラ」の世界で、基底層つまり〈気の民衆〉の暮らしといってよいでしょう。これに対して「オモテ」の世界は、〈理の公的社会〉です。

ここで注意しなくてはならないのは、「ウラ」の世界はたしかにディープではあるけれども、われわれ外国人の目につきやすく接近しやすいのは、もっぱらこのディープな世界の方だということです。韓国に行ってそのへんを少し歩けば、このような「ウラ」の世界が町の表層にあからさまに横たわっている。横丁にちょっと入ればまさにそこはディープ・コリアのフィールドそのものなのです。

〈理〉を離れると、原色の人間模様が展開し、いんちきでうさんくさくて底ぬけに人がよくて感情をかくさず……そういう人間が蠢《うごめ》いているのです。

都市的に洗練され画一化された日本人とはもちろん違いますし、何よりも権力や〈理〉との関係のとり方が日本人とは違うのです。

雑誌『Title』には、そのようなディープな世界にどっぷりと浸かって暮らしている日本人の若者が紹介されています（「イルボンサラム・ケンチャナヨ・ライフ」二〇〇〇年八月号）。彼は何もディープな「ウラ」の世界を必死に探し求めた末にようやくそこにたどり着いたわけではなく、むしろ町の表層を漂っていることそのものが、「ウラ」の世界の住人になることだったのです。

これに較べて、「オモテ」の世界は、実は町の表層をさまよっているだけではなかなか目に入ってきません（【2・1・3】）。「オモテ」の世界はむしろディープな世界よりももっとディープなところにあるのです。たとえば普通の観光客は入って行けないような大学の教室とか、血族集団の中とか、家の中とか、組織の中など、そういうところにあるのです。

【韓国社会の構造】

韓国社会はどうしてこのような構造になっているのでしょうか。

それは、日本社会との違いを考えてみることによって、よくわかるかもしれません。

たとえば今の日本では、どんな辺鄙《へんぴ》なところへ行こうとも、その土地の表層をさまよっているだけでディープな光景や人間に出会うことは少ないはずです。むしろそれよりも、きちんと整理された区画やかなり型にはまって抑制された人間に出会うことが多い。すなわちこういうことではないでしょうか。

韓国では、〈国家理〉〈民族理〉という巨大な〈理〉があって、その枠からはみ出ることはできないけれども（対案として別の新しい〈理〉を打ち出すことはできます）、最低限それだけを守れば、あとは豊饒《ほうじょう》な野放しの〈気〉の沃野《よくや》がひろびろと横たわっている。

これに対して日本の場合は、国家や民族というレベルでの巨大な〈理〉というのはきわめて薄まってしまっているが、だからといってひとりひとりが自由だというわけではない。なぜなら小さく細分化された〈理〉が日常の隅々まで支配しているからです。

【〈理系〉と〈気系〉】

これと関連して、次のようなことがあります。

日本の若者たちと話していると、「ラテン系」に対するあこがれ、希求が強くあるのを感じるのです（36ページ参照）。

規制とルールとしきたりと世間体とでがんじがらめになっている日本の日常が窮屈でやりきれない。もっと陽気に自分の感情のおもむくままに人生を楽しみたい……そう、思っている。

しかしこの「ラテン系」へのあこがれというのは、別に今急に始まったことではありません。「ケセラセラ」の人生を賛美する勢力は、日本の中に一定の割合でもともといたわけです。

そしてこの「ラテン系」へのあこがれというのは、七〇年代に流行《はや》った「アメリカ西海岸系」への羨望によく似ています。

戦前の日本を支配した謹厳な「ドイツ系」、戦前から戦後にかけての日本を支配したリベラルで合理的な「英米上流系」に対抗する流れであります。

「ドイツ系」や「英米上流系」がいずれも〈理系〉なのに対し、「アメリカ西海岸系」や「ラテン系」はいずれも〈気系〉です。

おおざっぱにいえば、日本人の中にある外国へのあこがれの類型は、〈理系〉と〈気系〉の二つに分かれる、といってもよいでしょう。

ひとことでいえば、前者は欲望制御系で、後者は欲望開放系です。

もともと伝統的な日本社会の中に、この〈理系〉と〈気系〉の双方があったわけですし、それが時代により、地域により、階層や生活環境によって、〈理系〉が支配的だったり〈気系〉が支配的だったりしていたわけです。

江戸時代も朱子学の教えによって一応〈理系〉を浸透させようとしたのでしたが、明治になって日本は〈理系〉の浸透を国家的事業として全国レベルで統一的、大々的に展開したわけです。儒教やドイツ観念論やピューリタニズムやプラトニズムなどさまざまな〈理系〉思想を総動員してとにかく日本社会を〈理〉的に改造した。その流れが戦後も続いていたのですが、日本社会の伏流にはつねに〈気系〉があった。戦後はスーダラ節やらゴーゴーやら雑誌『POPEYE』『JJ』などが、強力な〈気〉の流れを形成しました。

おそらく戦後日本で、〈理系〉と〈気系〉の鬩《せめ》ぎ合《あ》いを最も鋭敏に肉体化した作家は、三島由紀夫でしょう。彼は一方で「日本」という〈理〉に没入しつつ、他方では大衆文化の〈気〉の勢力にきわめて強烈な関心を示しつづけました。それはなぜだったのでしょうか。私の考えでは、彼の考える天皇や日本という〈理〉は、戦後の平和日本における一見くだらない大衆文化という〈気〉がなければ成り立たない、すなわち両者はコインの両面のように表裏一体をなしているもの、と考えられたからです。

あるアンケート調査で三島は、「好きな小説家は」と聞かれて「トオマス・マン」と答え、「座右の銘は」との問いには「歌道の極意は身養生にあり」という藤原定家の謹厳な言葉を引いている一方、「どこに行きたいか」との問いには「コスタリカ」と答えてくれています。ここにも〈理系〉と〈気系〉の同居が確認できてたのしいですね。

【日本は自由のない社会か】

さて、「ラテン系」を待望する人たちは、「日本には自由がない」という。これはどういうことなのでしょうか。

大人から見ると、今の日本の若者は充分に自由で恵まれていると思うのですが、若者たちからしてみれば、自分たちほど自由がなくて息苦しく窮屈な毎日を送っている存在はない、ということになる。

この若者たちの意識を、「甘えている」といって一蹴してよいものでしょうか。

確かに、日本の若者の意識は非常に甘い。「ラテン系」と呼ばれる社会に住んでみたとき、そこには一見表層的な情の発出と自由はあるけれども、たとえば社会的上昇の可能性、民主主義の浸透度、などの点で、日本の若者が能天気に考えているような自由の天国であるのかどうかは、疑問であります。

しかし、問題はむしろ、日本の若者がどうして日本社会を自由のない窮屈な社会と考えるのか、という点にあるような気がします。

【社会的に細分化された日本の〈理〉】

つまり繰り返しになりますが、日本に〈理〉はないのではない。それは、実に神経質なほど細かく断片化されているのです。しかも資本と結びついて分節化され、商品化されている。

韓国社会の窮屈さは、〈理〉が巨大であることに起因するものですが、日本社会の窮屈さはそれとは異なり、〈理〉が網の目のように細かく日常世界を支配していることに起因しています。

よく、日本の若者が韓国に行って「ここは日本に較べて自由だ」と感じたり、逆に韓国の若者が日本に来て「ここは韓国より自由だ」と感じるのは、ここに秘密があるのです。

ふだん、日常の網の目のような〈理〉にがんじがらめになっている日本人は、韓国に行って街や市場を歩くと、そこは〈気の空間〉ですから〈理〉の網の目なんかてんで存在しない。それで眩暈《めまい》のするような解放感を味わい、しまいには大いなる錯覚をして、「韓国は日本より自由である」という命題を打ち立ててしまうのです。〈気の世界〉を抑えつける巨大な〈理〉がこの国には存在することなど、その日本人は気づきません。

逆に、ふだん、巨大な〈理〉の重圧に押し潰されそうになっている韓国人が日本へ来ると、そこでは女性の裸が街や雑誌に堂々と溢れ、奇抜なファッションの若者がわがもの顔に闊歩《かっぽ》しているのを見て、「日本は韓国より自由である」という命題を打ち立ててしまうのです。それらの「自由奔放」な世界が実は神経質なほど細かなマニュアルとマーケティングと世間体（あるいは仲間うちだけで通じるしきたり）でがんじがらめになっていることなど、その韓国人は気づきません。

【日本一】

どうして日本では〈理〉が細分化されやすかったのでしょうか。繰り返しになりますが、〈理〉は本来、一枚岩であってこそ〈理〉であり、「細分化された〈理〉」などというのは形容矛盾そのものです。それでもそれを成し遂げてしまったのが日本社会なのです。

これは日本の社会システムの問題でもありますが、もうひとつ、〈日本一〉という概念とも深いつながりがあると、私は考えています。

ソバをつくってもダンゴをつくっても、その味が日本一であれば〈日本一〉という看板を掲げることができる。そしてその〈日本一〉に宿った天職としての「職業倫理」を継承してゆく。実の息子が継承できなければよそからひっぱって来ればよい。このような社会において、〈理〉は必然的に分節化され細分化されたのです。

これは〈理〉が一枚岩である社会とはあきらかに異なります。〈理〉が一枚岩である社会では職業倫理は育ちにくい。かわりに何があるかといえば、一枚岩的な「人間としての倫理」であります。巨大な「人間としての倫理」が社会を支配していて、それを守っているかぎりあとは自由である。

細分化された〈理〉の社会では、人びとは限定された職業倫理にしばられるが、それは一枚岩ではなく、それぞれの職業によって、異なるわけです。

どちらが資本主義に適しているかといえば、それはもう職業倫理の方であることは自明だと思います。

この細分化された〈理〉が、現代社会ではさまざまなルールになります。

しかし、二十一世紀を迎えて、資本主義が大幅に変化しつつある時期に、社会の大きな舵取りをしなくてはならないとすれば、これは日本型よりも韓国型の方が有利ともいえます。なにしろトップである大統領や会長が一気に号令をかければ、すぐに全面的にとはいえませんが、少なくともそれに呼応して大きな動きが始まることは事実だからです。

こういうときに、〈理〉が細分化されているとなかなか身動きがとれないわけです。IT化への動きにおいて日本よりも韓国の方がずっと速く対応できたのも、このような〈理〉のしくみの違いによるところが大きいのです。

【〈理の勝手〉と〈気の勝手〉】

さて、韓国の既存の価値観に「異議申し立て」を行った、ヒョン・ジニというひとりの少女がいます。

一九九九年、彼女は、『おまえの思うがままにやれ』（ハンギョレ新聞社）という本を書いて話題になったのです。この少女は映画づくりの道に進むために高校を中退し、自分の夢を追いかけています。韓国ではこれまで、こういう生き方はまったく肯定されませんでした。映画づくりという夢を追うなら、大学や大学院に行ってやればよいのであって、学業を途中で放棄してその道に進むというのはもってのほか、というのが韓国衆論の一致するところです（それゆえ韓国では、大学や大学院の「映画演劇学科」が大人気で、俳優も高卒では恰好がつかないので大学やさらに大学院にもよく通います）。

この少女の提起した問題のひとつに、「モッ」という概念の転換がありました。

韓国語の「モッ」という概念は、非常に重要で、基本的には「粋、風流」という意味ですが、これが「モッテロ（モッのままに）」というかたちで使われると、それは「思うままに」「勝手に」という意味になり、特に既成世代にとっては「勝手気ままに」「放縦《ほうじゅう》に」という悪い意味として把えられるのが常なのです。

ヒョン・ジニは「韓国社会ではモッテロ（勝手に）が許されない。しかしわれわれの世代はそれをするのだ」と宣言したのです。

しかし日本人から見れば、韓国人はもともと日本人なんかよりずっと勝手気ままにふるまっているように感じられる。ところが当の韓国人自身はそうは感じていないのです。自分たちは抑圧されており、それに較べて日本人は自由であるように見えてしまう。

これはどういうことなのでしょうか?

〈理気学〉で考えてみましょう。

これまで韓国社会で許されてきた「モッテロ」は、〈気の世界〉での勝手気ままだった、と考えてよろしい。これに対して〈理の世界〉では「モッテロ」は決して許されてこなかった。すなわち韓国人は実に気ままに自由にふるまっているように見えるのだが、実はそれはすべて〈気の世界〉での出来事であったのです。

少女はこの伝統的な「モッテロ」観に叛旗《はんき》を翻したわけです。

自分の生き方、人生観、意見という〈理の世界〉にも「モッテロ」を認めよ、という新世代の要求なのです。

【日本化の〈理気〉】

またこれとは別に、いまだ未開拓の〈気〉の沃野を開発して〈理〉化しようという動きも韓国では社会的に活発です。手つかずの広大な〈気の世界〉を侵食して、〈理の世界〉化するわけです。

韓国には「日本に学ぼう」という提案が実に多いのに気づきます。いわく「わが国の携帯電話マナーはなっていない。日本に学べ」「わが国の交通マナーはなっていない。日本に学べ」などなど、マスコミなどで盛んにこういう意見が展開されます。韓国の地下鉄に乗ると、実に皆自由に携帯電話をかけあっています。たいていは「ああ、私（おれ）。ごはん食べた？」という言葉から始まってたわいのない〈気の会話〉が続きます。このように野放しの〈気の空間〉に、ルールという細分化された〈理〉を導入するときに、よく「日本に学べ」が登場するわけです。

ですからこれは、社会の〈気〉の分野に〈理〉を導入して分節化したり商品化したりするという動きが、〈日本化〉というかたちをとっていると考えるのが正しいのです。よく、「韓国人は反日的だというのになぜ『日本に学ぼう』という声もよく聞かれるのか」という話を聞きますが、これは、ひとつには「日本に学ぶ」という領域は韓国人の根幹に関わる〈理〉の部分ではないこと（32ページ参照）、もうひとつは、〈気〉の領野に分節化された〈理〉が導入されるとき、その最もよくできたモデルが隣国・日本にあるので、それを真似することが最も効率的だからなのです。

3――〈理気〉の事件簿

【ハンの事件簿】

さて、それでは次に、韓国の三面記事の世界を覗いてみましょうか。この社会で起こるさまざまな犯罪や事件も、〈理気〉の枠組みで把えられるのでしょうか。読者の皆さんは、これらの記事を、〈理気〉で解いてみるとどうなるのか、考えてみてください。

「全羅南道麗水警察署は、十六日、道行く女に半ズボンが短いといいがかりをつけて女を死なせた徐某氏（三十四）に対し傷害致死の嫌疑で拘束令状を申請。徐氏は去る十五日午後四時頃、麗水市南山洞の某理髪館の前の道で、隣りに住む金某氏（五十四／女）がはいていた半ズボンを見て、『いっそのことパンティだけはいて歩け』とからかい、いい争いになってすったもんだの末、金氏を地面に押し倒して死なせた嫌疑だ」（『日刊スポーツ』一九九四年七月十七日付）

これは、女性の身体の露出と〈理気〉の関係です。儒教社会において人、特に女性が身体を露出するのは禁忌《きんき》であったことは確かです。しかし、写真記録によれば、朝鮮戦争の頃までは庶民の女性がふだん乳房を丸出しにして生活していたこともあることが判明しています。脚やへその場合は乳房よりも、露出に対する禁忌が強い部位でした。しかし、それも階層によって異なるのであり、上流の家庭では、朝鮮に初めてできた女学校の制服が踝《くるぶし》を露出させるというので大反対にあったほどです。しかし下層の娘はこの限りではなかった。

つまり上流階層、すなわち〈理の階層〉においては、婦人は外出の際にチャンオッと呼ばれる衣で顔も隠すほどであり、決して肌を露出させませんでした。しかし庶民すなわち〈気の階層〉は決して上流階層と同じではなかったのです。

右の事件において、犯人の徐という男性は、被害者である金という女性に、〈理としての身だしなみ〉を求め、その欠如を指してからかったわけです。金さんはこれに怒った。おそらく、自らを〈気の存在〉と規定している状態であれば、徐の言葉に怒る度合いも少なかったのでしょう。しかし金さんとしては許せなかった。自らの〈理〉の欠如を指摘されてたいへん不快に思った。ここで〈理気社会〉の面目躍如なのは、金さんが自らの〈理〉を主張して徐といい争いになったということです。おそらく二人は、どちらのいい分が正しいかという〈理の争奪戦〉を繰り広げたのでしょう。韓国の街角ではよくある光景です。

そして不幸にも金さんは押し倒されて死んでしまった。悲しい事件といわざるをえません。金さんのハンに満ちた冤魂《えんこん》は今でも空中に浮遊しているでしょう。

事件は驟雨《しゅうう》のようにだしぬけに、そして容赦なく起こる。起こる事件のひとつひとつが、「東アジアという問題」を圧縮しているのです。

「ソウル江南警察署は二十四日、姑従四寸妹《いとこ》を訪ねたが金を貸してくれぬと狼藉《ろうぜき》を働いた嫌疑（財物損壊など）で梁某氏（四十四／肉体労働）に対して拘束令状を申請。梁氏は二十三日午後一時頃、ソウル江南区に住む姑従四寸妹の張某氏(三十九／女)の家を訪れ、『いい暮らしをしているのだから貧しい親戚を助けてくれ』と二千万ウォンを要求したところ拒絶されるや、時価百万ウォン相当の高級洋酒四瓶など洋酒五十八瓶と陳列棚を壊し、一千七百万ウォンほどの財産被害を出した嫌疑。梁氏は警察にて『金持ちである妹（いとこのこと）があまりにせちがらいので癪《しゃく》にさわっていたところへ、見たことも聞いたこともない華麗な洋酒の瓶が陳列されているのを見てカーッと怒りがこみあげた』といって善処を訴えた」（『中央日報』一九九四年八月二十四日付）

この事件は、日本人にとってはかなり理解しがたいもののようです。確かに、この梁という男ははたしてプライドのかけらでも持っているのか、と普通の日本人なら疑うでしょう。しかし、これはぜひとも儒教社会のしくみの中で考えていただきたい事件です。

儒教的な〈理〉と〈気〉の枠組みでいうなら、貧乏な男が金持ちの親戚に「少し助けてくれ」と願うことは、さして屈辱的なことではないでしょう。いや、むしろ、親戚としての〈情〉を発揮させることこそ、裕福に暮らす者として当然の〈理〉だといえます。長官(大臣)をつとめたこともある著名な知識人は、「日本人は気楽でいい。韓国では自分のような立場の者は親戚数十人はめんどうを見なければならない」といっています。

この事件の場合、二千万ウォンという金額が大きいか小さいかは記事の情報のみでは判断できかねますが、少なくともむげに断ることは、〈情〉に欠ける「せちがらい」行為であるとはいえます。

すなわち、この狼藉を働いた梁という男にも一理はあるのであって、その点、同情を買う余地は大いにあるということです。ですから警察で堂々と「善処」を訴えたのでしょう。もしこういう事件に厳しいご沙汰が出、また世論もこの手の男を断じて許さない、という風潮が強くなってきたとしたら、それはそれだけ儒教社会からの脱皮が進行しているという尺度になります。

「いっそのことパンティだけはいて歩け」

「いい暮らしをしているのだから貧しい親戚を助けてくれ」

事件の登場人物たちが語るごく短いセリフは、彼らがほぼ一生に一度、渾身《こんしん》の力をこめて吐き出す哲学的言語であります。その流星のような一行には、この国の民の数千年の歴史が如実に堆積して、キラキラと毒々しく美しい。彼らの言葉は、ガルシア・マルケスの『予告された殺人の記録』の文体に似ていはしないでしょうか。この小説は「ラテンアメリカという問題」を凝縮した作品といわれましたが、今引用している新聞記事は、さながら「東アジアという問題」をほんの数行に凝縮してみせた、暗闇の天才たちの技であり作品なのです。

【男と女の〈理気学〉】

次の裁判は〈理気〉的に見ると、いかがでしょうか。性に関する事件には、なぜか無性《むしょう》に悲しいものが宿っています。

「ソウル民事地法合議十五部は二十四日、未婚の梁某氏（四十／会社員）が検診中に処女膜が破裂したとして財団法人韓国医学研究所を相手にした損害賠償請求訴訟にて、『被告研究所は、処女膜喪失に対する慰謝料など五百万ウォンを支給せよ』という、原告の一部勝訴判決を下した。問題の発端は、昨年五月、職場にて団体で健康診断専門機関である韓国医学研究所による子宮癌検査を受けてから。検査後、急に局部からの出血と嘔吐《おうと》症状を感じた梁氏は産婦人科に行ったところ、四十年間守ってきた処女膜が破裂したという青天の霹靂《へきれき》(?《ママ》)のような診断を受けた。その後処女膜損傷による甚だしい精神的衝撃によって憂鬱《ゆううつ》症と対人忌避《きひ》症に苦しんできた梁氏は、昨年十月、『たとえ結婚はしていない身であるが、処女性を命と同等に大切に守ってきた』として韓国医学研究所を相手に七千五百万ウォンを払えという訴訟を起こした。異色な事件を担当した裁判部は(中略)、両者の円満な合意を誘導してみたが、梁氏の頑強な拒否によって霧散した。裁判部は判決文で、(中略)『処女膜は激烈な運動などによっても破裂する危険性があるだけでなく、原告の場合は性接触や性暴行を受けたものではないので女性としての純潔と貞操を喪失した場合とは異なる』として当初の請求額にずっと及ばない程度に賠償額を定めることになった理由を明らかにした」(『中央日報』一九九四年八月二十四日付)

これは端的に、男性中心の〈理社会〉の犠牲者といえるでしょう。しかし、実はそう簡単にかたづけられないのは、この女性は自らの処女性に対して絶対の価値を信じているということです。処女性が大切だということは、男性中心社会によってつくられた虚構としての〈理〉なのだ、ということを知りもしないし、もし知ったところでこの強烈な確信を揺るがすことすらできないでしょう。いくら他者によってつくられた虚偽の〈理〉であろうとも、それを信じる自由はあるわけで、その〈理〉に帰依《きえ》することによる至福というものを剝奪《はくだつ》することはできないはずです。

さて、この事件で興味深いのは、この女性は男性中心社会の〈理〉に帰依したあかしを傷つけられた代償として、男性中心社会に向かってその尊厳の回復と併せて金銭を要求したという点です。つまり〈理〉の傷を〈気〉であがなうことを求めたのでした。男性中心社会によって犠牲になった事実に対して形式上、きちんと落とし前をつけようとしているわけです。これは「異色な事件」ではあるけれども、女性の側の〈理〉は充分に理解できるでしょう。

韓国の新聞の社会面を見ていると、やはり男女の関係についての事件や問題が多いことに容易に気づきます。日本もまた同様の傾向はありますが、男性中心的な〈理〉の力は韓国ではやはりかなり強く、またそのために女性の側の抵抗と異議申し立ても強いと感じられます。

「全羅南道順天警察署は八日、中三のとき純潔を奪われたあと、性暴行に対する恐れと復讐心《ふくしゆう》から四年間、男として世を渡り、二十代の男たちを暴行しつづけてきた嫌疑で朴某嬢（十九）を拘束した。朴嬢は去る一日の明け方、順天市のE歌部屋（カラオケボックス）の前で、李某君（十七）など三名とともに、行きずりの金某氏（二十五）など二名にイチャモンをつけ、角材と煉瓦《れんが》でメッタメタに殴るなど、これまでずっと男たちを暴行しつづけてきた嫌疑を受けている。警察の調査の結果、朴嬢は女子中学三年生だった九〇年十一月、下校途中に二十代の男二人に性暴行されたあと、包帯と綿でつくった男性性器をつけ、胸を圧迫包帯で押さえるなどして、まんまと男のように世を渡ってきたことが明らかになった」（『朝鮮日報』一九九四年七月九日付）

これも非常に悲しい事件ですが、ここで重要なのは、朴嬢のふるまいです。朴嬢は、中学生のときに凌辱《りょうじょく》され、男社会への怨恨《えんこん》を抱えて生きてきた。そしてこの社会に復讐するのに、自分も男になる道を選んだ。すなわち、女性のまま男性中心社会を糾弾するという道をとらずに、自分を男性側に吸収させて、そこでの上昇を狙ったということです。これは朴嬢の個人的資質によって選んだ道であるかもしれませんが、女性のまま異議申し立てをするよりもむしろ復讐心の満足という意味では効果が大きかったのかもしれません。この場合、「女性のいい分にも〈理〉がある」いやむしろ「男性の暴力を野放しにしている社会には〈理〉がない」というメッセージで対抗するのではなく、「男性の〈理〉の序列（この場合は物理的な力がそれに相当しています）の中にまぎれこみ、そこでいかに上位の立場に上昇するか」という道が選択されたのです。

これも実に痛ましい事件といえるでしょう。朴嬢のふるまいに、〈理界〉での上昇という盲目的な強迫観念が顕《あらわ》になっているだけ、しかもその上昇が暴力という〈理〉でないものによってなされており、かつ暴力が〈理〉となりうると誤解してしまっているだけ、よけいにやるせない出来事なのです。

【反日の事件簿】

韓国では、反日感情を媒介にした事件というものも、よく発生します。

「ソウル鍾路警察署は十六日、光復節に日本人とつるんで日本語を話している、という理由で五十代の女性を殴打した僧侶・金某氏（三十九／慶尚南道蔚山市）を、『暴力行為など処罰に関する法律』違反の嫌疑で不拘束立件。

警察によれば、光復節の十五日午後八時三十分ごろ、鍾路区清進洞S食堂で朴某氏（五十三／女、京畿道高陽市）など二名が日本の男と食事をしながら日本語で話を交わすや、金氏がこれを罵《ののし》り、抗議する朴氏の腹を足で蹴るなどの暴力をふるった嫌疑。

金氏は警察で『光復節にわが国の女たちが日本の男にこびへつらうのを見て怒りがこみあげ、瞬間的に暴力をふるった』と陳述」（『日刊スポーツ』一九九四年八月十七日付）

光復節とは、朝鮮が日本の植民地から解放された八月十五日の記念日です。

ここで大切なのは、この僧侶・金某氏は、日本人と話をしていた朴さんという女性に暴力をふるったのであり、決して日本人を殴ったり蹴ったりしたわけではないということです。

韓国人の反日感情は強いといいますが、寡聞《かぶん》にして韓国で日本人滞在者や旅行者が反日感情によってしばしば殺される、などという話は聞きません。そこのところはきちんと抑えている。そして特徴的なのは、日本人と仲良くしたり日本人から利益を得たりしている韓国人が、しばしば韓国人から糾弾され暴行されるということです。右の例もそうでした。次の例も同じです。

「ソウル麻浦警察署は十六日、光復節であるにもかかわらず太極旗を掲げないで日本の看板を掲出して商売をしている、という理由で、和食レストランのガラス窓を壊した金某氏（三十一／無職）を財物損壊の嫌疑で不拘束立件した。

警察によれば、金氏は十五日午前八時十五分ごろ、ソウル麻浦区西橋洞のＪＡＬ（主人・夫某氏／三十七）という和食レストランの前を通りつつ、『日本の航空会社の名を掲げて商売をしながら、光復節に太極旗を掲げない者は懲《こ》らしめてやらねばならない』と、かたわらにあったコーラ瓶でこの店の大形のガラス窓四枚（時価百万ウォン）を壊すなど、和食レストラン二ヵ所で百四十万ウォン相当の器物を破壊したとのこと」（『文化日報』一九九四年八月十六日付）

これは、どういうことなのでしょうか。

反日というのは、韓国人の〈理〉の多寡、つまり〈気〉の清濁の尺度として機能している、ということなのです。日本人と話をしていて殴られた女性も、国旗を掲げないでガラスを壊された和食レストランも、反日というものを尺度とした〈気〉の清濁において濁っていると判断されたがゆえに、〈理〉の制裁を受けた、と考えられます。しかしそこで振るった暴力と狼藉は、法の立場からいえば犯罪に当たるわけですから、公権力によって取り締まられるのは当然なわけです。

【〈理の犯罪〉と〈気の犯罪〉】

さて、このように韓国社会の事件に接するたびに、この社会では犯罪には二種類ある、すなわち〈理の犯罪〉と〈気の犯罪〉があるということに気づきます。

〈気の犯罪〉とは、文字どおり個人的な欲望にまかせて犯した窃盗なり詐欺なり暴力なり殺人なりのことです。これに対して〈理の犯罪〉とは、私的な欲望や怨念などによるものではなく、国家や社会のために自己を犠牲にして法秩序を犯したものです。思想犯や良心囚などがその典型的なものでしょう。

さて、この〈理の犯罪〉に関して韓国で目立つのは、この罪を犯した者およびその周囲にいる人びとの、次のような態度です。確かに現行の法秩序を犯したという点では犯罪者であるかもしれぬ、しかしこれは理不尽《りふじん》な法体系自体がおかしいのであって、歴史が正された暁《あかつき》には必ずやこの名誉は回復され無念は晴らされるであろう、というものです。

このような意識が強く支配している背景には、韓国では植民地支配や独裁政権などによって、実に多くの〈理の犯罪〉がつくりあげられた、という歴史があります。日本の植民地下の独立運動家や、独裁政権下に死刑判決を受けた多くの人（日本では金芝河《キム・ジハ》氏や金大中氏が有名です）が、その歴史を証明しています。

ですから、〈理の犯罪者〉の母親たちは、不思議なほど堂々としています。もちろん、息子・娘の〈理〉を国家が理解しないことに対する怨恨はありますが、これは〈ハン〉つまりいつかは国家がそれを理解することへのあこがれという側面もあるのであって、それゆえ胸をはって明るくすらあるのです。

「世間にご迷惑をおかけしました」という暗いペシミスティックな自己反省よりもむしろ、「間違った社会」「間違った歴史」を正さねばならないという使命感にますます燃えている、その側面の方がより強いのです。

【〈理の金嬉老〉と〈気の金嬉老〉】

〈理の犯罪〉と〈気の犯罪〉が最もはっきりと区分された例を、われわれは金嬉老氏の事件に見ることができます。

周知のとおり、金嬉老氏は一九六八年に静岡県清水市で暴力団員を殺害、寸又峡《すまたきょう》の旅館に人質十六人とともに立てこもった人物です。

この金嬉老氏を韓国のマスコミは「在日韓国人差別と戦った英雄」として扱い、「烈士」「先生」と呼びました。すなわち寸又峡の人質事件を完全な〈理の事件〉として扱ったのです。氏の人生と事件を劇化した『金の戦争』という映画までつくられました。金嬉老氏は一九九九年九月に日本から韓国に帰国したのですが、その際の歓迎ぶりはたいへんなものでした。

ところがその英雄的帰国から一年後の二〇〇〇年九月、金嬉老氏は不倫の関係にあった女性と共謀して女性の夫を殺そうとし、放火までして警察につかまってしまったのです。この事件は韓国でも「痴情劇」と表現され、あきらかに自己の欲望・感情のみによって起こした〈気の事件〉なのですが、韓国マスコミはいたって冷静に、かつ金嬉老氏に同情的に報道しました。「数十年間の監獄生活で稀薄化した現実感覚、信じていた人に裏切られた（日本で服役中に結婚した相手が金を持って逐電《ちくでん》したことを指す）後に陥った被害意識と寂しさなどが原因」（『朝鮮日報』二〇〇〇年九月五日付）という分析です。これは、日本側の報道が「韓国人は金嬉老氏を英雄扱いしたが、もとより彼は単なる凶悪犯にすぎなかったことがこれではっきりしたろう」という論調に傾くことへの反論といえるでしょう。金嬉老氏をあくまでも〈理の英雄〉として扱わなくては体面が保てないからです。

しかし、金嬉老氏の手記を読んでも、彼がもともと直情径行型の〈気の行動〉を繰り返してきた人物であることはあきらかですし、また英雄として韓国に帰国したときも氏の内面では、自分が韓国の英雄扱いされることに大いにとまどっている様子も歴々と見えていたものです。韓国帰国を前にして「日本人に対して」というメッセージを書いたとき、そこには「（私も）この美しい日本の地を愛し、多くの日本の皆さんと交わり、たくさんの思い出があります。（中略）その私がまたまた、日本の事情で今度は自分の国に帰される事になりました」「愛する日本よ、さようなら」と書かれてあったのです（『朝日新聞』一九九九年九月七日付夕刊）。ここには、「差別と戦う英雄」という〈理〉が付与された自分と、感情の上では「住めば都」の日本を愛するという〈気〉の自分とが分裂して、本人の言葉どおりに「複雑」そのものである心境が吐露されています。しかし韓国側のマスコミはこの「複雑」さを記述する言葉を持たずに、ひたすら〈抗日の英雄〉〈理の英雄〉としてのみ取り扱ったのでした。

金嬉老氏の「複雑」な心境には、〈理〉と〈気〉の両方をきちんと記述してこそ近づくことができるわけで、韓国のマスコミのように〈理〉一辺倒でまつりあげてみたり、あるいは日本の一部マスコミのように〈気〉の面のみで切って捨てたりするのは政治的な意図以外の何ものでもない、というほかないでしょう。

4――〈理気〉の政治

【〈気の「変えろ」〉から〈理の「変えろ」〉へ】

二〇〇〇年四月に行われた韓国の総選挙で、「落選運動」というものが力を奮《ふる》ったのは、記憶に新しいでしょう。

市民団体がリストに挙げた八十六人の不適格候補者のうち、実に五十九人が落選したのです。

この旋風はすさまじいものがあり、古株の大物が大挙落選し、今の日本では考えられないようなラディカルな「世代交代」が実現したのです。

さて、〈理気〉の観点から見た「変革」と「改革」の違いを、私は次のように説明しました（【5・3・5】）。

社会の〈理〉自体を旧《ふる》いものから新しいものへと変えてしまおうというのが「変革」で、旧い〈理〉から新しい〈理〉に変わったあと、新しい〈理〉を社会に実現させてゆく運動が「改革」である。

とすれば、韓国の総選挙で目覚ましい成果を挙げた「落選運動」は、「変革」でしょうか、「改革」でしょうか。

結論からいえば、これは「改革」です。

「民主主義」（もっともこれは多分に「韓国型民主主義」でありますが）の実現という「変革」が「永久革命」として続く中での、改革のひとつであるのです。

この落選運動が真っ盛りのソウルで流行ったのが、『パックォ（変えろ）』という歌でした。

これはもともと男女の恋愛を歌った若者向けの歌謡曲だったのですが、その「変えろ、変えちゃえ」という内容が「政治家を変えろ」という選挙のメッセージとなってしまったのです。つまり、恋愛という〈気の「変えろ」〉が、選挙という〈理の「変えろ」〉に利用されたというわけです。

これまでも繰り返して述べましたが、「儒教＝継続」ではありません。儒教は断絶であり、変革のイデオロギーなのです（【5・3・5】）。儒教というと守旧と退嬰《たいえい》の権化《ごんげ》としか考えない日本人は、このことを銘記していただきたいと思います。

【儒教＝連続性という誤解】

すなわちわれわれが再確認しなくてはならないのは、「儒教＝連続性」という命題の誤りなのです。これは特に日本の儒教は「革命性」を剥奪されたかたちで流布した時期が長かったため、このような誤解が生じる土壌があるのだといえます。

しかし、本場の儒教は「革命性」を抜きにして成立しえないのであり、それゆえ断絶性を強調するのであり（【1・3・4】）、変革と改革のイデオロギーなのです（【5・3・5】）。

しかしいつも変革をしているわけではない。

たしかに儒教は「繰り返し」を重視します。中国の金観濤氏が指摘したように、王朝が交替したとしてもそれは基本的には繰り返しにすぎませんでした。しかしその繰り返しの中で発展するのです。「孝」において子は親のコピーですが、親は子に少しでも上昇してもらいたく、教育をする。ここにも儒教的な意味での「繰り返しの中の発展」がある。繰り返しの中で、「無念だ」「くやしい」という人びとが「撃錚《げきじょう》」(179ページ参照)をして少しずつ、自らの権利を拡大してゆくのです。

たとえば李周逸《イ・ジュイル》というコメディアンがテレビでこんなことをいっていました。

彼は韓国を代表するコメディアンで、国会議員にもなった人ですが、一九九九年十一月に初めて世宗文化会館でショーをしたのだそうです。世宗文化会館は由緒ある舞台であり、ここでコメディアンが公演するなどということはそれまで考えられもしなかったのです。彼は「ここでコメディをすれば世宗文化会館の質が落ちる。カーペットが汚れる」といわれたそうです。そこでカッとなって〈気の怒り〉をぶちまけたりしないところがさすがに百戦錬磨《れんま》のベテランであります。彼はこういったのだそうです。「しかし世宗大王というのは民をすべて楽にしようとなさったお方ではありませんか(世宗大王がハングルをつくったことを指す)。その方の名を冠した世宗文化会館が、民を楽にするのが職業のコメディアンを拒むというのは、〈理〉が成り立ちません」。最後の〈理〉が成り立たない、というのは韓国語では「言葉にならない」といいます(【1・2・8】)。言葉になるものだけが〈理〉なのです。

このようにして、韓国では社会が変わってゆきます。変えてゆく者のスローガンの形はいつでも同じで、「私にこそ〈理〉がある」あるいは「私の〈気〉こそ清い」なのです。

【〈理〉を持つ人、持たない人】

韓国の落選運動に密着取材したフリーライターの渡辺和雄氏は、次のように語っています（『アエラ』二〇〇〇年七月三日号）。

選挙運動を監視する市民団体の男女二人に同行すると、違法な選挙運動をしている候補者の事務所におしかけて、部屋の中を撮影しようとする。すると事務所の男が身を挺《てい》して阻もうとする。

「見ている私はものすごく緊張したんですが、デザイナー（市民団体の男・小倉注）は『こんなのはいつものこと』とさらっと言いました。そのとき、性根の入り方が違うな、と思いましたね」

これはまさに、〈理〉を握った者の態度といえるでしょう。〈理〉を掌握していなくては、力は出ないのです（【2・3・3】）。

私がこのことに関連していつも思い出すのは、岡田以蔵のことです。司馬遼太郎の小説『人斬り以蔵』(新潮文庫)に描かれた岡田以蔵は私の好きな人物のひとりです。幕末、土佐の足軽に生まれた以蔵は、「天誅《てんちゅう》」稼業によって京で大活躍し、「人斬り以蔵」と怖れられる。しかし、形勢が急変し、京は佐幕派が支配するようになって新選組の天下となり、以蔵に人斬りの〈理〉はなくなってしまったのです。

「それでも、剣は技術ではないか、ほろびまい、というのは俗論であろう。ふしぎなものだ、以蔵は剣を抜けなくなった。いままで、

天誅、勤王、

という『正義』があったればこそ、以蔵も気負い、無造作に人も斬れた。その『正義』が以蔵の足もとから消滅すると、以蔵はただの以蔵になった」(『人斬り以蔵』)

と司馬遼太郎は書いています。まさに、以蔵に〈理〉はなくなった。〈理〉のない人はただの木偶《でく》の坊《ぼう》なのです。

「裏店で、もと三本木の仲居だった女と抱きあうように暮らしていたが、その女さえ

も逃げた。

『あんた、ちがうよ、なんだか』

と、女は逃げる前夜、冷ややかにいった。『正義』のころ、その光彩につつまれた以蔵には、それなりの魅力があったのだろう。違うよ、といったのはいまの以蔵が、そのころとは別人になりはてている、という意味らしい」（『人斬り以蔵』）

実に、〈理〉のない人に魅力は出ないものです。私は、今の日本の若者を見ていて、本当に哀れだと思います。彼らの多くには強い〈理〉がないからです。それも知らずに〈気〉の魅力のみを磨こうとしているからです。いや、おそらく一九五〇年以降に生まれた日本人には、社会全体を正しい方向へ持ってゆくような一枚岩の〈理〉を持つという経験はないでしょう。

〈理〉は「幻想力」でもあります。よく韓国人を評して「現実を見ないでかくあるべきだ、ということばかり話している」という日本人がいますが、これも〈理〉の幻想力なのです。最近韓国にはまる日本の若者が多いのは、ひとつには情のぶあつさに心地よさを感じるためですが、そのほかに、韓国人の〈理〉の幻想力に魅力を感じるためということもあります。今の日本は〈理〉の幻想力が非常に稀薄になってしまっているからです。

5――〈理気〉の民主主義

【人間中心主義】

さて、「落選運動応援歌」となった曲『パックォ（変えろ）』の歌詞は、誰かが誰かをけなすけれど、そういうふうにけなすお前はどれだけ清いのか、世の中は皆俗物だらけだ、と主張しています。

つまりこれは〈気〉の清濁を問うているわけです。〈気〉が澄んでいる人こそが〈気〉が濁っている人をけなすことができる。でも、本当に澄んでいる人っていったいいるの?と冷静に道徳的に考えてみる。けなす人もけなされる人も、濁ってるんじゃないの? ……韓国の現状、そして道徳志向性社会の本質を衝《つ》いた言葉です。

そうはいってもやはり、人間を信じようとする韓国人は、日本人より多いに違いないのです。ニヒリズムには陥らないのが性善説の社会です。

誰も濁っているのだから他者攻撃する資格はないのだ、と「人間不信」や「相対主義」に陥ってしまいがちなのが、今の日本人ですが、韓国人の場合は、「世の中は俗物だらけ」

といいつつもやはり、石にかじりついても他者批判をするのです。

この理由のひとつに、「人間中心主義」というのがあると、私は考えています。韓国の政治文化は、日本に較べるとつくづく人間中心主義的だと思います。逆にいえば今の日本は人間中心主義的でないのです。

どういうときにそれがよくわかるかといいますと、災害や事故が起きたときです。日本では、たとえば火山が噴火したり河の堤防が決壊して住民が被害を受けたり避難したりする場合、当の住民たちが実におとなしい。それに較べて韓国では大騒ぎとなります。日本の場合は何か、住民たちが当の被害者ではないかのような、そういう顔をしている。微笑《ほほえ》みを浮かべている人すらいる。逆に韓国では自分たちが今、世界の苦しみの中心にいるんだということを地団駄《じだんだ》を踏み大声を出して知らせているのです。

もちろん日本でもたとえば三宅島噴火の際など、避難対策に関して村が都に対して怒り(これは〈理の怒り〉です)を表明する、ということはある。しかし、これも韓国的な見方からすれば実におとなしく、切羽詰まった迫力に欠けているのです。またその怒りが都の政策判断という抽象的なものに対して向けられているのが特徴です。

「こんなことは初めてです。早く水が引いてくれることを神様に祈るだけです」

これは東海豪雨の際に名古屋で水害の被害を受けた日本の女性です。その表情も語り口も実に客観的で、冷静で、何か当事者でなくて評論家であるかのような印象すら受ける。こういう姿を見ると、日本人は実に「強い」と思わざるをえません。

これが韓国ですと、住民の怒りは政策判断などという抽象的でわけのわからない「もの」や「こと」に対して向けられることで収拾するのではありません。責任ある地方自治団体の「長」、そして究極的には大統領にまで怒りは向けられる。この国の〈理〉を管掌している人間に、自らの正当性を訴えなければ〈気〉がすまない。

あくまで責任は「もの」や「こと」ではなく「人間」にあるのだ、すべての行為の根本は人間である、という強烈な思想、これはあきらかに人間中心主義なのです。

この人間中心主義は、儒教の影響です。儒教の特徴は、何でも最終的には人間の責任にする、ということです。天という超越的なものを設定するかに見えて、実はその超越をちゃんと人間にまで戻してくる。これが孟子以降の儒教の基本姿勢であります。

しかし人間中心主義の韓国の方が日本よりも、災害の再発に対してきちんと対応するのかといえば、そうでもない。毎年同じような災害が繰り返されているのです。

【撃錚《げきじょう》の伝統】

韓国には、撃錚の伝統があります。これは辞書によれば、「李朝時代、無実の罪や苦情などを王に直訴しようとする人が、王の行幸する道端で銅鑼・鉦を打ち鳴らして王の下問を待ったこと」(『朝鮮語辞典』小学館)です。

韓国社会で暮らしてみれば、この撃錚をいたるところで見ることができるでしょう。

何でも無念なことは王(またはその場に関して最も力を持っている人)にいわねば気がすまない。鉦《かね》・銅鑼《どら》を鳴らして王に訴えなくては気がすまない。

シーランド青少年修練院火災という悲惨な事件が一九九九年に起きました。幼稚園児が泊まりがけの遠足に行ったのですが、そこで火事に遭い、二十三人の園児が死亡したのです。この修練院に対する行政の監督が杜撰《ずさん》だったことが原因のひとつに挙げられました。このような事件が起きるたびに、賄賂で腐敗した行政の姿が取り沙汰されます。これに憤った被害者の母親が金《キム》・鍾泌《ジョンピル》総理に会うことを求めました。この腐った国を放置している責任を問いたいというのです。それが聞き入れられないとみるや、母親は「国家勲章を返して他国に移民する」と発言しました。この女性はかつて有名なスポーツ選手で、勲章までもらった国民的英雄だったのです。その発言を聞くや総理は、急遽《きゅうきょ》母親に会うことにします。このあたりのやりとりは実に、国民が国家を堂々と一対一で相手にしているという感じがします。

韓国は一個の巨大な劇場です。撃錚の劇場。舞台と客席とが截然《せつぜん》と区切られているのではありません。役者と観客はつねにコミュニケーションをしながらひとつの劇をつくってゆく。いや、舞台という限定された空間がそもそもなかったといってもよい。すべてが、あらゆる場所が、舞台である。つねに誰かは誰かに何かを訴えかけている。ある英国人が私に、「韓国人は日本人よりプレゼンテーション力がある」といいました。まさに自分がいる、その場所が自分の芝居の舞台なのです。

元・博報堂のコピーライター鈴木宙明氏は、韓国で長く広告づくりの指導をした経験を持ちますが、その彼が韓国の広告について見事な分析をしています。彼によれば、韓国のCF《コマーシャル・フイルム》が日本のCFと違う点のひとつに、登場するタレントの役割がある。

「韓国のCFでは、それまでその商品を使って楽しむ生活を演じていた俳優やタレントが、コマーシャルの最後で、視聴者に向けて流し目をしたり、話しかけたりするのがやたら多いのです。主婦や恋人が、会社員や旅人が、その役を捨ててセールスマンや広告主に、突如変身するのです。舞台俳優が、芝居の中で使っていた小道具を、幕間に観客に売り始めるという感じです。わたしには、コマーシャルで創ろうとした世界が、それでぶっこわれてしまうとしか思えません。

なぜでしょう。ここからはわたしの仮説です。こちらで話しても、まだピンときてもらえてません。韓国には舞台を使う演劇や芸能の伝統がありませんでした。伝統的に劇場文化はなかったのです。伝統芸能や寸劇は、村の広場（マダン）や両班の宴席など、演者と観客が同じ平面上にいて、お互いが反応を見ながら、声を掛け合いながら、いっしょに踊りながら、楽しんでしまうスタイルでした。台本作者や演出家や役者という職業も、ないと同様でした。旅芸人や仮面劇の演者は、演技の途中でアドリブで観客の受けをねらい、時には媚びる。観客は演者や演目の作品性をただ鑑賞するよりも、気軽に割り込み、時には同化したのでしょう。そんなこころが、テレビCMという一種の芸能の場でも、脈々と生きているのではないでしょうか」（韓国からのメール評論集『わざわざ韓国で』）

このような劇場性、いや正確にいうなら〈共-演劇性〉とでもいうべき性格が、韓国の生活空間を支配しているのであり、韓国の民主主義を成り立たせているのです。

【臨場感のある民主主義、ない民主主義】

さて、それでは韓国と日本とでは、民主主義はどのように違うのでしょうか。
まず日本は、どうでしょうか。

学のある奴もない奴も、克己する奴も怠ける奴も、心の清い奴も濁った奴も、一日中利益のことばかり考えている奴も道理のことばかり考えている奴も、……すべてこの社会では〈主〉であります。まこと、民が主となれる戦後日本はよい社会です。

日本国民すべてが主になって偉くなるのは喜ばしいことかもしれませんが、現実的には「われは主である」という感覚は非常に希薄であいまいなものです。だから、主はなかなか自立も自律もせず、すっくと立った主どうしの対話は容易に成り立たず、孤独で不安な主たちは他の主を無視したまま彷徨《ほうこう》し、コンビニの前にしゃがみこむのです。〈主〉を屹立《きつりつ》させるために必要な奉仕をする〈奴〉も、この社会では顕在的には目に見えません。孤立する淋しき主たちはくたびれた猫柳《ねこやなぎ》のごとくだらりと頭を垂れて風に揺られるしかないのです。

〈民＝主〉主義それ自体をかちとるための戦いは、明治以降、日本人自ら営々と積み重ねてきたものでした。しかし、「自由な民主主義の社会」「平和な民主主義の国家」という現実は、戦後日本に、ほとんど偶然によって天から降って来たかのごとく、米国および朝鮮半島からもたらされた賜物《たまもの》だといってもよいのです。米国からは憲法を贈られ、朝鮮半島には「冷戦」「分断」の重荷をひきうけてもらったのです。

この賜物をどう扱うかをめぐって、戦後日本では熾烈《しれつ》な論争が繰り広げられました。しかしそのような論争の軌跡もむなしく、日本海を飛んできた一発の飛行物体によって、賜物には大きな罅《ひび》がはいることとなります。一九九八年の「テポドン騒動」ですね。

どうせもともと米国と朝鮮半島から降ってきた賜物です。これを日本人から取り去るのも、米国と朝鮮半島が主となって勝手に行うとしても仕方ないじゃないか、というけだるい空気が日本を支配したわけです。

個がなんらかの政治的決定にかかわるというのが、めくるめくような体験である、そのような時代が日本にもあったはずです。この陶酔を、特に一九七〇年代以後、日本人は徐々に忘れてしまいました。今、日本にある陶酔は、非政治的なもののみです。コンサートで歌手に熱狂する、球場で選手に熱狂する……そんな熱狂しか、ここにはありません。

政治とは何かジジムサイもの、陰性なもの、不能なものとして表象され、老獪《ろうかい》・固陋《ころう》・醜悪などというイメージが増幅され続けました。若々しく、爆発的で、快感に彩《いろど》られたものとしては、七〇年代以降、決して表象されなかったのです。

これはなぜなのか。韓国との比較を試みてみましょう。

韓国でも、民主化運動という熱い政治の時代が終わるや、現実政治への国民の関心は急速に薄らぎました。しかし、この国民の日常に浸透しているのは、それを意識しようとすまいと、常に政治的な価値であります。

〈理気学〉でいうなら、道徳・理念、つまり〈理〉は、利益・欲望つまり〈気〉と、厳しく分けられます。しかし、〈理〉と〈気〉は分かれていながらも実は常にくっついている、というのが朱子学の考えです（【2・3・1】）。つまり、道徳・理念は常に利益・欲望とくっつきながら、離れている。

これを政治的な場面で考えると、政治理念や政策論争などは、つねに利権や利益、国民や市民の欲望と一線を画しながらも決してそれから遊離することはない。「生活」という土台に根ざし、個々の人間の利益や欲望のぶつけあいという対話の中で決着点を探るのです。むろん、日本よりも韓国の方が民主主義がよく機能している、などとはまったくいえません。韓国では政治がプロセスの複雑化を忌避して強権的に働きたがるのです。しかし、政治的決定が何か自分の生活と直結し、空理空論ではなく欲望の赤裸々で熾烈な噴出と直結しているという臨場感は、魅力にあふれています。

翻って日本では、政治に関与する人たちが理念派と利権派とにあまりにも分離してしまい、接点がなくなっているような気がするのです。民主主義に臨場感を取り戻すためには、〈理〉と〈気〉を分離しすぎては、いけないのです。

第五章

北朝鮮こそ一個の哲学である

1――〈理気〉の南北首脳会談

【金正日総書記の〈理気学〉】

すみずみまで、とことん儒教だった。

これが、二〇〇〇年六月の南北朝鮮首脳会談を見た、私の感想です。

名うての芸術家である金正日総書記が首脳会談の期間中に見せた行動と、いくつかのジョーク。これによって彼は韓国のマスコミに、あたかもこれまでの自らの「負」の遺産をあらかた清算してしまったかのように扱われました。まるで英雄のようですらありました。彼がそれほど韓国人の心をとらえたのは、なぜか。

答えは、儒教です。

まず金正日総書記は、平壌・順安空港で金大中・韓国大統領を出迎えて握手をし、世界を驚かせます。この「破格」が、韓国側を狂喜させました。キイワードは〈理〉と〈情〉です。〈理〉として守るべき「礼」つまり「格」を、同じ民族としての溢れんばかりの〈情〉が破ったということなのです。演出だといって冷めた見方をするのは間違いです。葬式に哭《な》き女が必要なように、儒教では演技と感情は一体化するのです。

喜ぶこと、笑うこと。この〈気の効用〉を金正日は巧みに多用しました。蒼ざめた冷酷な独裁者のイメージはどこかへ飛び去り、客をもてなす礼儀をわきまえ、〈理の礼儀〉だけでなく〈気配り〉にも怠りなかったのです。どのような「テジョプ（もてなし）」をされたかが、韓国人が客に招かれたときの最大の関心事であります。「どこそこの家に招かれたときはこういうもてなしを受けた」ということを韓国人は何十年たってもずっと覚えており、人にそのもてなしの話をするのが実に好きです。

それから〈気の雰囲気〉を醸成する上で重要な役割を果たす「酒」の力も、充分に利用されました。実際に首脳会談に随行した人から聞いた話によれば、最初、一行はやはり非常に緊張していたそうです。そこへ昼間から酒が入る。実に和気藹々《あいあい》とした雰囲気の中で、北の高官たちが韓国のお客に酒を注ぎ、勧める。この酒の力によって「ナム（他人）」は一気に「ウリ（われわれ）」になったのでした。「酒を通してウリの同質性を感じた」というのです。

次に金正日総書記は、「共産主義者にも道徳がある」といって、道徳つまり〈理〉好きな民族の共感を呼び起こすのに成功しました。さらに「東方礼義之邦」という言葉を使って韓国側に、朝鮮王朝時代への記憶をよみがえらせました。「礼儀」は〈理〉の表出された儀礼ですが「礼義」は〈理〉そのものの謂《いい》です。南北の同質性の記憶は、日本による植民地時代を超えて朝鮮王朝時代へとさかのぼることによって、強烈に呼び覚まされるのです。

実際、韓国人たちは、闇の迷宮の中にのりこんで行ったらそこに、懐かしく心地よい王朝時代が出現したのに驚いたのでしょう。そしてそこに待っていたのは、神経質で自己中心的な青白き孤独者ではなく、客人の食べ物と睡眠とに気をつかい丁重にもてなしてくれる主人、格好よく腹が出て、その父親ほどではないが豪放で福があり、恵みをたんともたらしてくれそうな権力者だったのです。

【金正日総書記の語った〈理〉は】

さて、南北が道徳という〈理〉を共有するのはよいのですが、〈理〉を前面に出せば、次には〈理〉の「中身」の話にならざるをえず、そうすれば勢い互いの正義を主張しあって譲らず、という結果になるのはあきらかです。それゆえに金正日総書記は、「われわれの〈理〉はひとつ」というスローガンを掲げることで本質をあいまいにしておこうと考えました。「東方礼義」を口にしたのも、民族の道徳、つまり〈理〉はひとつであるという宣言であって、これ以上は踏みこまなかったのです。「共同宣言」の中で〈理の合意〉は、「統一問題の自主的解決」のみでした。

ともすれば「南と北のどちらの道徳が正しいか」という排除の論理になってしまう〈理〉を、「中身」はぬきにしてひとつにしておき、それをぶあつい〈気〉でもってカバーするのに成功したわけです。

これから南北は、〈情〉の合致を背景に交流を続けてゆくでしょう。

しかしあいまいにしたままの「ひとつの〈理〉」に今後、周辺国の意向にも影響されて亀裂がはいることも、大いにありえます。互いの〈理〉に固執するために亀裂がますます深くなるというのが、分断の歴史だったのです。しかし自己の〈理〉に固執しなければ、体制は容易に崩壊するわけです。

〈理〉が「排除」の論理になるのを避けるために、〈情〉を電撃的に利用するという金正日総書記のやり方は、まずは大成功しました。しかしこの戦術に対しては当初から、北朝鮮の〈理〉が何ら変わっていないことを理由に警戒あるいは攻撃する勢力も日本や韓国にはたくさんあります。南北の〈理〉はひとつであるという一種のまやかしがどこまで維持できるのか、難しいところではあります。

【〈理気〉のスイッチ】

まさに金正日総書記は、〈理気〉のスイッチを絶妙なタイミングでオン・オフすることのできる稀有《けう》の人物なのでありましょう。

ここでわれわれが注意しなくてはならないのは、金正日総書記が冗談を飛ばして韓国人に絶大な人気を博したからといって、それでは四六時中冗談を飛ばしてばかりいる人間が好まれるのかといえば、答えは絶対的にノーであるということです。そういう人間は端的に軽蔑されます。

というのは、韓国人にとって、〈理〉と〈気〉がともに充実している人間こそが理想的な人間なのであって、〈理〉の欠如したお笑い人間などがどうして高く評価されるでしょうか。

金正日総書記の異常ともいえる人気は、北朝鮮の〈理〉の唯一の源泉であり、〈理〉を一手に担っている絶対権力者である彼が、それまでのマスコミの報道とは異なって強い情＝〈気〉を持っていたということに対する驚きに起因するものなのです。この社会では、〈理〉がなくて〈気〉だけの人は侮蔑され、逆に〈理〉ばかりで〈気〉のない人はうとまれるのです。

【金正日総書記と儒教】

金正日総書記はたしかに偉大な男でしょう。これまで犯した数々の悪行を、ジョーク三つで帳消しにしたわけですから。

彼がその帳消し作戦に使ったのは、儒教でした。

彼が儒教を引き出してきたというのは、北朝鮮専門家の間ではなんら驚くべきことではなかったのですが、一般の韓国人や勉強不足のマスコミ人にとってはひとつの大きな驚きなのでした。

かつて金日成《キム・イルソン》主席は恰幅《かっぷく》のよい豪放な美男子で、人民に心から思慕され敬愛されました。息子の金正日総書記はそれには及ばないものの、あふれる情で国民に恩恵を与えつづける、恩情の源泉なのでした。

しかし自分を慕う人にとっては恩情の権化であった彼は、自分を批判・否定する存在に対しては最も恐ろしい敵対感情の権化でもあったのです。それゆえ韓国人は、金正日がどういう態度で出てくるか、はかりかねた。北朝鮮だけでなく韓国も「ウリ（われわれ）」の中に入れるのか入れないのか。

そして平壌・順安空港での金正日総書記の劇的な態度を見て、韓国人は、もうひとつの「わが国」がそこにある、という幻想に一挙に襲われたのでした。

権力が集中した、たらふくメシを食っていそうな、「恵み」をたくさんくれそうな、そういう「王様」がそこにいたので驚きもし、同時にその男が韓国も「ウリ」に含めて考えているようなので、大いに安心したのでした。

新しくて、しかしどこか懐かしい光景。

筑波大学の古田博司氏は北朝鮮を「団欒《だんらん》の社会主義」といいました。まさに国家全体が強くて道徳的で情に溢れた父親を中心に団欒をしている、そのような幻想がこの国家を支配してきたわけです。この団欒を羨《うらや》ましく思い、懐かしく思った韓国人も、おそらくは多かったと思われます。

悪なる半身と認識されていた北朝鮮が、実は悪ではなかったという幻想。対話できる半身。言葉（マル）が通じる半身。礼儀が通じる半身。

それは同時に、南北が「朝鮮王朝」に帰一した瞬間だったのです。

つまり南北のコスモス性を確認するために、儒教が想起されたわけです。

儒教としての半島。礼讓《れいじょう》の半島。礼義としての半島が、ここによみがえったのです。

2——〈理気〉の延命作戦

【北朝鮮体制の非対称性】

慶応義塾大学の小此木政夫氏は、「北朝鮮体制の最大の特徴は『政治と経済の非対称性』にある」といいます（『北朝鮮ハンドブック』講談社）。「北朝鮮経済がきわめて脆弱《ぜいじゃく》であり、すでに破綻《はたん》したことは衆目の一致するところ」であるが、「そうだとすれば、なぜあの国家体制はソ連・東欧諸国のように崩壊しないのだろうか」という疑問が湧くのですが、その答えは、「経済体制とは比較にならないほど強靭《きょうじん》な政治体制が存在することに、その秘密がある」というものなのです。「いいかえれば、金日成、金正日を頂点にする一元的で、特異な政治体制の存在が経済体制の破綻を補ってきた」わけです。

これをわれわれの言葉でいうなら、「金日成、金正日を頂点にする一元的で、特異な〈理〉の存在が、経済という〈気〉の破綻を補ってきた」といえるでしょう。

すなわち、国民の必要な食糧を確保し、生活を維持するという〈気〉の側面では破綻してしまったこの国が、それにもかかわらず崩壊せずに持ちこたえることができたのは、その破綻を埋め合わせる強靭な〈理〉の力のためだったのです。

【〈理の眼鏡〉】

一九九〇年代の半ばに、北朝鮮崩壊のシナリオとして最も説得力を持ったのは、経済の崩壊による体制の危機、という流れでした。しかし、大方の予測に反して北朝鮮は、深刻な経済危機・食糧不足にもかかわらず崩壊しなかった。

右に述べたように、要するに、飢餓や生活の窮乏化という〈気＝生〉の領域の破綻を、強力な思想イデオロギーという〈理〉がかろうじて抑え込んだ、ということでしょう。

それならもうひとつの「崩壊のシナリオ」はどうでしょうか。これは次のような内容です。北朝鮮がよし飢餓や窮乏などの状況を、理念という〈理〉で抑え込むのに成功したとしても、それはやはり閉鎖的な社会、すなわち彼らの〈理〉が唯一絶対の〈理〉として通用する環境が強権によって防衛されていたからなのであって、この環境自体が破壊されてしまえば、〈理〉は容易に崩壊する。そしてこの環境の破壊に最も効果的なのが、「情報の流入」なのである……というものです。

たしかに、現在のように外部からの情報流入をコントロールしている状況は、北朝鮮の〈理〉を強化し保護するのに理想的な環境といえます。ただし現在の北朝鮮が外部からの情報を一切遮断《しゃだん》しているというのは誤りです。それどころか情報は実によく流入しています。北朝鮮の人びとが外国のことについて無知だと思ったら大間違いだと思った方がよろしい。ただしそれらの情報は、資本主義社会や自由主義社会がいかに腐敗しているかをこと細かく紹介するものなど、北朝鮮の〈理〉の強化に奉仕するものなのです。今後資本主義社会との人的・物的交流によって、この情報の要塞《ようさい》に穴が開けば、北朝鮮の〈理〉は容易に崩壊するかもしれません。

しかし、事はそんなに簡単にはゆかないでしょう。

考えてもみてください。北朝鮮の人びとは、もう五十年もの間、金父子による〈理〉の洗脳を受け続けてきているのです。彼らは〈理の眼鏡〉(【3・1・16】)をかけて世界を見ているのです。

いやいや、日本人だって戦時中は「メイド・イン・大日本帝国」の強力な〈理の眼鏡〉をかけて鬼畜米英を叫んでいたけれど、敗戦後はさっさとその眼鏡を捨ててほかの眼鏡にかけかえたではないか、という反論が聞こえてきそうです。

たしかに、そういうことはいえそうです。資本主義の情報が無制限に大量にはいって来れば、もちろん北朝鮮の人びとの意識が変わらないわけではない。しかし、その流入が、たとえば資本主義・自由民主主義こそが絶対的にすばらしいものなのだ(つまり〈理〉なのだ)、という状況でなされるのなら別ですが、そうではなく、北の体制はそのままで(つまり〈理〉はそのままで)、そこに異質なものとして流入するのならば、〈理の眼鏡〉のかけかえは、なかなか進まないと見るべきです。

南北離散家族再会の際、北からソウルにやって来た人びとは、ソウルの「発展した姿」を見ても「西洋化しすぎてまったく魅力がない」と豪語し、料理を食べても「北の料理の方がもっとすばらしい」と韓国人に説教を垂れました。これこそが五十年間かけ続けた〈理の眼鏡〉の力なのであって、この力は容易に衰えるものではないのです。南北交流が盛んになって、北朝鮮の人がたくさんソウルに来てこの都市の威容を見れば、資本主義のすばらしさはひと目でわかる、という評論家は多いのですが、〈理の眼鏡〉はなかなか、そんなヤワなものではないのです。

【〈理気〉の生命と〈理気〉の経済】

もうひとつ、北朝鮮の体制つまり〈理〉を維持してゆく上で重要なイデオロギーに、「社会政治的生命体論」というものがあります。

これによれば、人間の生命にはふたつある。ひとつは「肉体的生命」というもので、これは本能的で動物的な生命です。動物にはこれしかありませんが、人間が動物と違うところは、もうひとつ、「社会政治的生命」というものを持っている点だとされます。これは「革命的生命」でもあります。そしてこの思想が実に巧みなのは、肉体的生命は実の親からもらうのだが、社会政治的生命は金日成にもらうのだと説くところです(古田博司『朝鮮民族を読み解く』ちくま新書)。

つまり、われわれの言葉でいえば、「肉体的生命」というのは〈気の生命〉で、「社会政治的生命」というのは〈理の生命〉なのです(【3・3・16】)。

そして、〈気の生命〉は実の親からもらうのだが、これだけでは動物と同じであって、このほかに金日成からもらった〈理の生命〉があってこそ本物の人間になるのだ、ということなのです。

　北朝鮮で真の人間であるには社会政治的生命を持っていなくてはならない。社会政治的生命を持っている人こそが北朝鮮で真の革命的人間であり、そのような人こそ永遠に生きるのです。

　これで、北朝鮮の主体思想の意味もよくわかります。

「人間はあらゆるものの主人であり、すべてを決定する」「チュチェ（主体）思想は、すべてのものを人間を中心に考え、人間に奉仕させる人間中心の世界観であり、勤労人民大衆の自主性の実現をめざす革命の学説であります」という主体思想は、一見、よくわかりにくい理屈です。つまり、人間があらゆるものの主人であり、自主性を持ち、すべてを決定して革命を行う、というのに、なぜあれほど人権や人間としての尊厳を踏みにじられても人民は決起せずにおとなしく「独裁者」に従っているのか、というのは理解できないことなのです。ところがこの「社会政治的生命体論」によれば、北朝鮮で革命的「人間」なのは、金日成によって革命的な生命を賦与《ふよ》された者のみ、ということになります。つまり金日成に従って革命に従事する者のみが主体的な「人間」なのであって、そうでない者は「人間」といっても肉体的生命を持っているだけの存在なのです。つまりここでいう「自主性」とは、金日成の教えに従ってそれを率先することのできる「自主性」なのであって、それ以外のものではないのです。

さて、このようにわかりやすい〈理の生命〉論によって北朝鮮はイデオロギー的に支えられているのですが、しかし理念は理念として、それとは別に腹は減るものです。

この「腹が減る」という部分を北朝鮮はどのように解決しているのでしょうか。

これに関しては、北朝鮮には〈理の経済〉と〈気の経済〉がある、という点を理解していただきたいと思います。

北朝鮮が深刻な食糧不足や経済の停滞によってもこれまで崩壊しなかった理由のひとつに、その経済の〈理気〉的構造があるのです。

まず〈理の経済〉は、「自立的民族経済」と呼ばれるものです。これは公式的に、経済の分野で主体性を発揮したものです。

しかし、実態はこの「自立的民族経済」を貫徹できるほどの体力は北朝鮮にはありません。それで実際上は、外国からの食糧援助、つまり外国からの情に頼っているところがあります。これが〈気の経済〉です。しかし北朝鮮は「情に頼っている」などということはいいません。あくまでも「当然すべきであることを外国がしている」と、〈理〉の援助であることを強調しているのです。

もうひとつ、国内での経済の動きにも〈理気〉があります。それは、国内経済での公式的な〈理の経済〉である配給制が事実上崩れかかっている今、血族などが互いに助け合う「朝鮮式相互扶助」（李英和《リ・ヨンファ》）や、闇市などの〈気の経済〉が発達しているのです。事実上、北朝鮮の人びとの生命を維持しているのはこの〈気の経済〉といってもよいでしょう。

3――〈理気〉の日朝交渉

【〈理のメッセージ〉と〈気のメッセージ〉】

日朝国交正常化交渉について金正日総書記は二〇〇〇年八月、一方で「（森首相のメッセージを）有り難く受け止める」といい、他方で「自尊心を傷つけられてまで日本と修交することは絶対にない」といい放ちました。

これを〈理気学〉で解くと、どうなるでしょうか。便宜上、ふたつの発言のうち前者をメッセージ①、後者をメッセージ②としておきます。

メッセージ①はあきらかに〈気のメッセージ〉です。これに対してメッセージ②は〈理のメッセージ〉ですね。金正日総書記の最大の特徴は、すぐれた権力者がすべてそうであるように、〈理〉と〈気〉の絶妙で強靱な結合体であることです。彼のスタイルは〈理のメッセージ〉と〈気のメッセージ〉を同時に発することによって、その両者の間隙《かんげき》に相手を落とし込み、そこで相手の心理を攪乱《かくらん》する点が特徴です。この場合でいうなら、メッセージ①によって日本との間に「情」の関係を構築する用意があることをほのめかしつつ、すかさずメッセージ②によって、しかしながら原則としての〈理〉においては一歩も引かないという宣言をしている。およそ交渉ごとというのは〈理〉と〈気〉の双方をフルに使っての駆け引きであるはずです。これが〈理〉のみに偏ったり、〈気〉にしか気配りがいっていないようでは、交渉ごとでよい成果を収めることは期待できない。日本の教育もこれからは、交渉ごとを〈理〉と〈気〉の両方から攻めて勝利してゆく戦法などをどしどし訓練したらどうでしょうか。そうすれば世界でもう少し発言力のある国として認められるようになるでしょう。

【外交上手な北朝鮮】

「北朝鮮はまったくもって外交上手だ。本来は向こう（北朝鮮）が要求すべきことを、気がついたらこちら（日本）がいっている」と霞ヶ関の役人が苦笑している、という話を聞いたことがあります。

どうも「外交達者な北朝鮮」、それに対して「外交下手な日本」というイメージが強く形成されています。

これはなぜなのでしょうか。〈理気学〉で少し考えてみましょう。

私は、北朝鮮外交と日本外交の最大の違いは、〈理〉と〈気〉の二元論の解釈の違いに起因していると考えています。

現在、日朝交渉のネックとなっている「拉致《らち》問題」について考えてみましょう。

この問題をめぐる議論を見ていて、私はつくづく、「今の日本人というのは〈理気学〉的観点からいうと赤ん坊みたいな存在だなあ」と思います。日本のナショナリズムを背負った陣営は、何かというと「拉致問題を解決しないかぎり補償も国交もありえない」と息まいていますが、これは何かの戦術でないとしたら実に不可解な議論であります。

つまり、ここにおいて拉致問題とは〈理〉の領域ですが、〈理〉には必ず〈気〉がくっついている（【2・3・2】）ということを想起していただきたい。

〈理〉一元論はきわめて危険な最終手段なのです。植民地化を進める日本に抗して義兵闘争をして逮捕され対馬に流された後、「敵のめしを食らわず」と断食して死んだ崔益鉉《チエ・イッキョン》という儒者がいます。彼こそは〈理〉一元論の典型であります。〈理〉は〈気〉のためにあるのではない、というのです。しかし、自爆を覚悟で〈理〉一元論を唱えるのでなかったら、すべからく人は〈理気〉二元論を生きねばならない。

すなわち、拉致問題という〈理〉は、国益つまり国の利益という〈気〉と表裏一体となっているのです。日本の一部論者および一部世論の場合、〈理〉を〈気＝国益〉からまったく分離してしまって、国益も何もおかまいなしに、ただひたすら拉致問題を道徳的に解決することのみ追求してしまっている。かえってそうすることにより、拉致問題という〈理〉の解決は遠のいてしまっているかもしれないのに、です。拉致問題は絶対に「タジダ（問いただす）」をして解決すべき問題です。それならばなおさら、戦略が必要なはずなのです。むしろこの問題に関するかぎり、朝鮮よりも日本の方が道徳志向的な原則論になってしまったかのようですらあります。

「国体護持」という〈理〉のために、国民の生命という〈気〉を犠牲にし続けた「一途な」日本人の残映が、ここに浮かび上がります。日本人はふだんは分節化され断片化された細かな〈理〉の世界に安住しているが、時々狂ったように一枚岩の〈理〉に全的に自己を投入して、〈理〉と〈気〉のバランスを完全に忘却してしまう癖のようなものがあります。

むしろ〈理気〉二元論を熟知しているのは北朝鮮や韓国の方であり（ただ韓国人も〈理〉一辺倒になることも多いのですが、そのたびに他の勢力が〈理気〉二元論を強力に唱えて均衡を図ろうとするのです）、たとえば韓国から北朝鮮に拉致された人は四百五十人以上おり、「国軍捕虜（朝鮮戦争時に北の捕虜になった人）」は一万九千人いるといわれていますが、それにもかかわらず金大中大統領は「非転向長期囚（思想信条を変えずに北朝鮮支持のまま長期間服役した人）」六十三人を北朝鮮に送還したのです。これは韓国の国益という〈気〉のために〈理〉を利用したわけです。なぜなら、〈理〉のない〈気〉はもちろんありえませんが、同時に、〈気〉のない〈理〉というものも決してありえないのだということを、韓国人は熟知しているからなのです。

つまりこの場合、〈理〉を主張するのは、利益という〈気〉を守らんがためなのでありま
す。

おわりに

ある大学で〈理気学〉を講義したことがあります。ちょうど世紀末の頃でした。

本書では主に〈理気〉を鍵に韓国社会というものを解いてきましたが、その大学の講義では、韓国にとどまらず日本やそのほかのさまざまな現象を片っ端から〈理気〉で解いていったのです。

講義が二、三回終わった頃だったでしょうか。ある利発そうな女子学生が私のところへやって来て、「世の中のいろんなことを〈理気〉で見るとスッゴクおもしろいです」と昂奮ぎみに語りました。私は彼女にやさしく微笑んだものでした。講義が五、六回を重ねるようになると彼女は、「でもたとえばこういうことは〈理気〉でどう説明するんですか?」とかなり高度な質問を理気んだ、いや力んだ口調でしてくるようになりました。私は直観で「危ういな」と思ったものです。そして八回、九回と講義が進むにつれ、案の定、女子学生の顔が最初とは全然変わって、「世の中のすべてが〈理気〉に見える」と、「りきつね」に憑《つ》かれたような理気目になっていったのです。私は「ああ、もう手遅れだ」と思ったものです。その後の彼女がどうなったかは、寡聞にして私は知りません。

またある男子学生は、「毎朝、新聞を見てどきどきします。今日は紙面の何%を〈理気〉で解けるか、たのしくてしかたがない」とかなりリキっとした、いやキリッとした態度で語ったものです。毎日起こる事件やさまざまな意見、政界の動きやスポーツの結果や企業の動向まで、すべてを〈理気〉で解剖してみるわけです。「毎日何時間くらい新聞を読みますか?」と私が質問したところ、その男子学生は「二時間半くらいです」と恥ずかしそうにいいました。「そうですか。ぼくは二十三時間新聞を読んだことがありますよ。そのくらい徹底的に理気まなければ〈理気〉の奥義《おうぎ》には到達しませんよ」といったあと、私は一瞬「しまった。いわずもがなのことを……」と思いましたが、あとのまつりでした。一週間後、その男子学生がやって来ていうには、「今、毎日五時間新聞を読んでいます。それ以上はどうしても体力が続かなくて読めません。もっと読めるようになる秘訣《ひけつ》を教えてください」と虚《うつ》ろな目でいうので、「君は体力ではなく、まず〈理気力〉を養いなさい」といって、また「しまった。いわずもがなのことを……」と思ったのです。こんなに何度もいわずもがなのことをいってしまうとは、きっと私にはまだ、〈理気力〉が足りないのでしょう。また一週間後、男子学生がやって来た姿をみると、彼はすでに完全に〈理気のひと〉になっているのでした。その憔悴《しょうすい》した額にはクッリキ、いやクッキリと〈理気じるし〉が刻印されていたものです。

〈理気〉というのが人を狂わせる危険な概念であることを、私は熟知していたので、このような講義を大学で行うことに、実はある種の抵抗がないわけでもなかったのです。

「人を狂わせる危険な概念」であることは、歴史が充分に証明してあまりあるのでした。〈理気〉というのはもともと中国古代の哲学的概念でしたが、それを宋代の儒者たちがああでもない、こうでもないとひねくりまわした挙げ句、十二世紀、天才朱子の出現によって劇的に昇華されたのであります。その後中国では数百年、この朱子学の〈理気〉という考えが支配的でありましたし、またお隣の朝鮮では、五百年の王朝の大部分が文字どおりこの〈理気〉に塗り固められてしまったといっても過言ではないのでした。

士大夫たちは顔を合わせれば〈理気〉を語り、半農半士の人士たちは畑仕事をしながらも〈理気〉を論争しあったといいます。ひとことでいって、朝鮮王朝というのは〈理気〉マニアの人びとが国全体を〈理気〉色に染めてしまった、歴史上きわめてユニークな〈理気〉国家だったのであります。

〈理気〉の魅力がそうさせたのは無論です。

日本は儒教を完全なかたちでは輸入しなかったといわれていますが、特にこの〈理気〉を導入しなかったという点が幸いであったし、また同時に不幸でもあったのかもしれません。もちろん「日本は〈理気〉を輸入しなかった」というのは正しくはありません。藤原惺窩、林羅山以後、日本の儒者たちは〈理気〉を大いに学んだのだし、山崎闇斎のごとき独創的な〈理気学者〉もいたのでした。しかししかし、そうはいっても、やはり日本ではそれらの思想は一部の人のものであったことは否めません。

日本人は〈理気〉の怖さ、すごさを本当の意味で知っていたとは思えませんし、それがために〈理〉を細分化して手なずけるという無謀なことまでしてしまったのでした。

そして現在の日本では〈理〉と〈気〉は完全に分離され、その片割れの〈気〉のみが「驚くべし気のパワー」「気で長生きする」「気がわかれば人生で成功する」などという宣伝文句とともに消費されているのみです。そのようにはりきった宣伝文句を見るたびに、私はわりきれぬ思いで、「〈理〉と〈気〉の両方がわからなければ何も意味はないのに」と思うのです。

それで本書を書いてみましたが、私の〈理気〉量、いや力量不足のために、充分に〈理気〉の奥義に達することができなかったのが残念です。この本で語ったのは、すでに朱子学の〈理気〉というよりは、それを単純化して変形した小倉紀藏流の〈理気学〉というべきでしょう。というのは、本書で説明した〈理気〉のしくみは、いうならば初歩の初歩の部分をごくごくやさしく単純化し表面をなぞったものにすぎないのであって、実は本当の〈理気〉の複雑さはこんなものではなく、奥がたいへん深いものなのです。「おいおい、〈理気〉がそんなに単純なものだったらひとつも苦労しないよ」と、何百年も〈理気〉論争をくりひろげた儒者たちにたしなめられるのは必至でしょう。その奥義の部分に少しでも立ち入ることができなかったのは、非常に残念です。しかしその分は、いずれ別の本を書くことで埋め合わせすることにしましょう。

最後に、本書を書く機会を与えてくださり、また編集を担当いただいた講談社学芸図書第一出版部の小林哲氏に感謝いたします。また本書に先立つ『韓国は一個の哲学である』で初めて〈理気〉の世界を世に出してくださった、講談社学芸図書第二出版部の林辺光慶氏に、重ねて感謝いたします。

なお、本文中には、かつて私が『朝日新聞』および雑誌『別冊世界』、『AERA』、『東海』、『異文化交流』、『ASIANA』に寄稿した文に加筆して叙述の中に組み入れた部分があります。記して感謝します。

二〇〇〇年十一月二十日

小倉紀藏

講談社現代新書　1536

韓国人《かんこくじん》のしくみ――〈理《り》〉と〈気《き》〉で読《よ》み解《と》く文化《ぶんか》と社会《しゃかい》

二〇〇一年一月二〇日第一刷発行　二〇〇五年六月一日第七刷発行

著者――小《お》倉《ぐら》紀《き》蔵《ぞう》

発行者――野間佐和子　発行所――株式会社講談社

東京都文京区音羽二丁目一二―二一　郵便番号一一二―八〇〇一

電話（出版部）〇三―五三九五―三五二一　（販売部）〇三―五三九五―五八一七　（業務部）〇三―五三九五―三六一五

カバー・表紙デザイン――中島英樹

印刷所――凸版印刷株式会社　製本所――株式会社大進堂

（定価はカバーに表示してあります）Printed in Japan

N.D.C.129　210p　18cm

ISBN4-06-149536-4

「講談社現代新書」の刊行にあたって

教養は万人が身をもって養い創造すべきものであって、一部の専門家の占有物として、ただ一方的に人々の手もとに配布され伝達されうるものではありません。

しかし、不幸にしてわが国の現状では、教養の重要な養いとなるべき書物は、ほとんど講壇からの天下りや単なる解説に終始し、知識技術を真剣に希求する青少年・学生・一般民衆の根本的な疑問や興味は、けっして十分に答えられ、解きほぐされ、手引きされることがありません。万人の内奥から発した真正の教養への芽ばえが、こうして放置され、むなしく滅びさる運命にゆだねられているのです。

このことは、中・高校だけで教育をおわる人々の成長をはばんでいるだけでなく、大学に進んだり、インテリと目されたりする人々の精神力の健康さえもむしばみ、わが国の文化の実質をまことに脆弱なものにしています。単なる博識以上の根強い思索力・判断力、および確かな技術にささえられた教養を必要とする日本の将来にとって、これは真剣に憂慮されなければならない事態であるといわなければなりません。

わたしたちの「講談社現代新書」は、この事態の克服を意図して計画されたものです。これによってわたしたちは、講壇からの天下りでもなく、単なる解説書でもない、もっぱら万人の魂に生ずる初発的かつ根本的な問題をとらえ、掘り起こし、手引きし、しかも最新の知識への展望を万人に確立させる書物を、新しく世の中に送り出したいと念願しています。

わたしたちは、創業以来民衆を対象とする啓蒙の仕事に専心してきた講談社にとって、これこそもっともふさわしい課題であり、伝統ある出版社としての義務でもあると考えているのです。

一九六四年四月　　野間省一

哲学・思想I

66 哲学のすすめ——岩崎武雄
159 弁証法はどういう科学か 三浦つとむ
168 実存主義入門——茅野良男
225 現代哲学事典——山崎正一 市川浩 編
501 ニーチェとの対話——西尾幹二
871 言葉と無意識——丸山圭三郎
881 うそとパラドックス 内井惣七
898 はじめての構造主義 橋爪大三郎
916 哲学入門一歩前——廣松渉
921 現代思想を読む事典 今村仁司 編
977 哲学の歴史——新田義弘
989 ミシェル・フーコー——内田隆三

1001 今こそマルクスを読み返す——廣松渉
1286 哲学の謎——野矢茂樹
1293 「時間」を哲学する——中島義道
1301 〈子ども〉のための哲学 永井均
1315 じぶん・この不思議な存在——鷲田清一
1325 デカルト=哲学のすすめ——小泉義之
1357 新しいヘーゲル——長谷川宏
1383 カントの人間学——中島義道
1401 これがニーチェだ——永井均
1406 哲学の最前線——冨田恭彦
1420 無限論の教室——野矢茂樹
1466 ゲーデルの哲学——高橋昌一郎
1504 ドゥルーズの哲学——小泉義之

1525 考える脳・考えない脳——信原幸弘
1544 倫理という力——前田英樹
1575 動物化するポストモダン——東浩紀
1582 ロボットの心——柴田正良
1600 ハイデガー=存在神秘の哲学——古東哲明
1614 道徳を基礎づける——フランソワ・ジュリアン 中島隆博 志野好伸 訳
1635 これが現象学だ——谷徹
1638 時間は実在するか 入不二基義
1651 私はどうして私なのか 大庭健
1675 ウィトゲンシュタインはこう考えた——鬼界彰夫

世界史Ⅱ

日本語・日本文化

105 タテ社会の人間関係 中根千枝
293 日本人の意識構造――会田雄次
444 出雲神話――松前健
500 タテ社会の力学――中根千枝
868 敬語を使いこなす――野元菊雄
925 日本の名句・名言――増原良彦
937 カレーライスと日本人 森枝卓士
1200 外国語としての日本語――佐々木瑞枝
1239 武士道とエロス――氏家幹人
1254 日本仏教の思想――立川武蔵
1262 「世間」とは何か――阿部謹也
1384 マンガと「戦争」――夏目房之介

1432 江戸の性風俗――氏家幹人
1448 日本人のしつけは衰退したか――広田照幸
1551 キリスト教と日本人 井上章一
1553 教養としての〈まんが・アニメ〉――大塚英志 ササキバラ・ゴウ
1618 まちがいだらけの日本語文法 町田健
1644 分かりやすい日本語の書き方――大隈秀夫
1672 日本語は年速一キロで動く 井上史雄
1703 「おたく」の精神史――大塚英志
1718 〈美少女〉の現代史 ササキバラ・ゴウ
1719 「しきり」の文化論――柏木博
1736 風水と天皇陵――来村多加史